把玩艺术系列

木雕把玩艺术

把玩艺术工作室 编著

中国出版集团
现代出版社

图书在版编目（CIP）数据

木雕把玩艺术 / 把玩艺术工作室编著. —北京：现代出版社，2015.1
ISBN 978－7－5143－3267－4

Ⅰ. ①木… Ⅱ. ①把… Ⅲ. ①木雕－收藏－中国
Ⅳ. ①G894-64

中国版本图书馆CIP数据核字（2014）第308092号

著　　者	把玩艺术工作室
责任编辑	杨学庆
出版发行	现代出版社
通讯地址	北京市安定门外安华里504号
邮政编码	100011
电　　话	010-64267325　64245264（传真）
网　　址	www.1980xd.com
电子邮箱	xiandai@cnpitc.com.cn
印　　刷	北京瑞禾彩色印刷有限公司
开　　本	880mm×1230mm　1/32
印　　张	4.375
版　　次	2015年4月第1版　2015年4月第1次印刷
书　　号	ISBN 978－7－5143－3267－4
定　　价	37.00元

序言

清·木雕生意人

木雕艺术源于木器，从使用木器的史前时代开始，到木雕艺术独立发展并成熟的明清时代，在中国，经历了几千年的漫长历程。

中国的木雕艺术起源于新石器时期，距今 7000 多年前的浙江余姚河姆渡文化，已出现木雕鱼。秦汉两代木雕工艺趋于成熟，绘画、雕刻技术精致完美。施彩木雕的出现，标志着古代木雕工艺已经达到了非常高的水平。

唐宋以来，越来越多的木雕多用于殿堂楼阁、庙宇民居的建筑装饰。日用品上的雕刻更为丰富多彩。唐代是中国工艺技术大放光彩的时期，木雕工艺也日趋完美。许多保存至今的木雕佛像，是中国古代艺术品中的杰作，具有造型凝练、刀法熟练流畅、线条清晰明快的工艺特点，成为当今海内外艺术市场上的宠儿。明清时代的木雕品题材，多见为生活风俗、神话故事，诸如吉庆有余、五谷丰登、龙凤呈祥、平安如意、松鹤延年等木雕作品，深受当时社会欢迎。

我国的木雕种类繁多，遍布于大江南北，最著名的是浙江东阳木雕、广东金漆木雕、温州黄杨木雕、福建龙眼木雕，人称四大名雕。其他种类如曲阜楷木雕、南京仿古木雕、苏州红木雕、剑川云木雕、永陵桦木雕、泉州彩木雕等，这些木雕都是因产地、选材或工艺特色而得名，有的历史悠久，具有较高的工艺水平和传统特色，能工巧匠，树帜各地；有的虽是后起之秀，但木雕技艺日趋精湛，造型也日臻完美，具有鲜明的地方特色。

金漆木雕菩萨

当前，艺术品收藏作为一种新型的理财方式，正被越来越多的人所关注。其中，木雕艺术是中国传统工艺中的精华，有几千年漫长历史而自成体系，其工艺、材质、流传情况、交易行情、辨伪等诸方面知识的集合，正是对相应藏品进行辨伪断代的基础。

此外，我国艺术品的仿制和赝品已存在千年以上的历史，各种奇奇怪怪的做旧技巧层出不穷。特别是艺术品收藏热兴起后，作伪者利用现代科技手段进行仿古做旧，更增加了艺术品辨伪的难度。

因此，为了便于初学者对木雕收藏所涉及的相关知识有比较全面的了解，本书以科学的态度收集整理了关于木雕的材料、工艺、收藏、真品赏析、辨伪规律等方面的内容，供读者欣赏借鉴，开阔眼界。

目录

壹 木雕简史

木雕是人类文明史中最古老的艺术形式之一。人类祖先在征服自然环境的生产活动中，使用自然材料，以手工技能制造出各种产品，无论是实用品、宗教典礼用品，还是祭器、墓葬品，或用于装饰，都与人的审美紧密相连。

第一节 萌芽期

木雕艺术在我国的起源很早。从发掘文物中，我们发现早期的木雕为7000年前的新石器晚期辽宁新乐出土的木雕鸟和河姆渡出土的木雕鱼。

河姆渡遗址。在这里，人们发现了我国早期的木雕艺术品之一——木雕鱼

浙江河姆渡文化遗址发掘的木雕鱼，长

11 厘米，宽 3.5 厘米，厚 2.7 厘米，周身阴刻着大小不等的圆窝纹，形象十分生动，是原始社会的木雕工艺珍品。

在商代，据《礼记 · 曲礼下》所载，王室中已设有“六工”，即“天子之六工，曰：土工、金工、石工、木工、兽工、草工”，开始有“木工”一词，而木工是兼工雕刻的。

随着生产力的发展和社会的进步，统治阶级死后用活人活马殉葬的残酷制度逐渐被取消了，人们用烧制的陶俑和刻制的木俑代替活人陪葬。西安临潼骊山脚下庞大的秦始皇兵马俑军阵，便是这一时代厚葬的产物。

《韩非子 · 显学》有“像人百万”之语，像人即俑人，多为木俑，可见当时制作木俑之盛。河南信阳长台关出土的战国俑，以木块雕出人体大形，用颜色绘五官及衣服细部，身体涂以黑漆，面与手涂红，眉、目以黑线勾描，腹部绘成珠、璜、彩结、彩环等成组装饰物。

战国中期 · 罕见木雕兽形漆鼓架

长沙仰天湖出土的木俑以长木条削成，形体概括，仅具轮廓大形和简单的结构关系，脸部秀眉朱唇，黑红衣服饰以小簇花彩绘。

长沙郊区战国楚墓出土的一个 52 厘米高的持剑木俑，头部浅雕五官，眉弓长而健，眼角上挑，左手持剑柄，右手握剑鞘，身体微前倾，双膝略弯，如临阵状，手法简约粗犷，是一件生动且传神的木雕艺术品。

西汉时代的木俑

1956年，考古工作者在甘肃河西走廊东段的武威磨嘴子地区发掘了几座汉代古墓。这里地势较高，气候干燥，雨量稀少，邻近沙漠，近百件木俑得以完整保存，其中有人俑，还有车、马、牛、羊、猪、狗、鸡、鹅等俑，这些木雕的雕刻简练生动，反映了汉代农业社会的生活实况。

长沙马王堆出土的一批木俑，头部精雕细刻，五官位置也较准确。

云梦大坟头一号墓出土的木俑，轮廓鲜明，脸部保持着刻削的棱线，尚存楚俑遗风。

《韩非子·说林》引桓赫的话："刻削之道，鼻莫如大，目莫如小，鼻大可小，小不可大也；目小可大，大不可小也。"这是对当时木雕艺术实践的总结。这一时期的木俑造型粗犷古朴，线条挺拔简练。

1965年，湖北江陵望山楚墓发掘出一件小型木雕彩漆屏风，高15厘米，长51.8厘米，底座3厘米，座上为雕满动物的方框，运用圆雕镂刻出大蟒20条，小蛇17条，两只蛙，

长沙马王堆汉墓出土的彩绘木俑

凤、鹿、雀各4只，共50多只动物形象，凤鸟口衔圆雕小蛇与框架浮雕小蛇相连接。画面对称而活泼，构图饱满，形象生动，用朱红、湖灰、金银彩漆描绘，绚丽夺目。建筑木雕装饰，据记载有秦代的阿房宫。汉代王延寿《灵光殿赋》写有“飞禽走兽，因木生姿”之句，则见当时宫殿建筑木雕已为人所推崇。

第二节　发展期

魏晋南北朝至隋唐宋元时期是我国木雕艺术获得巨大发展的一个时期。在此期间，由于佛教的传入，南北朝大兴土木，建造寺院竟达 2000 多座。佛教的昌盛带动了木雕艺术的发展，唐宋时期政治稳定，经济发展、文化艺术繁荣，木雕艺术由汉代木俑向佛教造像、建筑雕刻方面扩展。

现藏于辽宁抚顺博物馆的中唐菩萨造像，头饰莲花宝冠，飘带垂肩，两腮丰润，眉细长，嘴鼻小巧，俊美而又慈善，上身裸露，佩有璎珞，左手轻拈下垂天衣，右手向上自然弯曲，拇指与中指相捻，姿态优雅，整体造型婀娜娉婷，又有肃穆的宗教情感。

唐代木雕彩绘观音立像，抚顺博物馆收藏，国家一级文物

抚顺博物馆收藏的这件“唐代木雕彩绘观音立像”就是一件难得的精品。这件木雕观音像为馆内旧藏。像高 96.8 厘米，通体彩绘。

现存广州光孝寺的 17 尊木雕罗汉及供养人，约为晚唐五代的作品，也具有佛教造像较高的木雕艺术水平。

苏州博物馆的五代十国时期的观音檀龛，右轴善财童子，高仅 1 厘米，面孔小如米粒，形神毕肖，生趣盎然；左右两扉图像对称，上为飞天，云气飞舞，体态轻盈，下为胁侍菩萨像，与主龛观音相互呼应，雕刻精细，刀法苍劲，并有描金朱画纹饰，此乃古代木雕艺术之精品。

这尊木雕六臂观音像是全世界仅存的几件唐代观音木雕像之一，具有很高的历史价值，是一件罕见的佛雕艺术精品。六臂观音，也称日月观音，它是千手千眼观音的一种，但与千手观音相比，六臂观音造像极为稀少，而木雕六臂观音造像则更罕见。

唐代敦煌木雕六臂观音像，高65厘米，国家一级文物

现藏于美国纽约大都会博物馆的宋代木雕观音坐像，面容雍容高贵，半跏坐势，姿态优雅大度，造型准确细腻，肌肤裸露处有弹性质感，双臂修长，柔若无骨，手指表现精微美妙，裙子的雕法较为粗犷，裙褶用阴线刻，运刀老练，技艺精湛。

建筑木雕装饰因佛寺昌盛而得以发展，据考证，宁波的朱金木雕在唐代已

宋代木雕彩绘观音像，国家博物馆馆藏

广泛应用于寺庙及宫殿建筑装饰，“重盖峨峨，飞檐云藻，龙角雕楣”，在建筑中应用雕刻彩绘技艺。其中明州（古代宁波称明州）阿育王寺和天童寺，均为佛教名刹，不仅殿宇建筑以雄伟著称，佛像塑造和雕饰之华丽也闻名四方。

唐代高僧鉴真大师第二次东渡日本遇险，曾带着工匠及一大批随从僧俗下榻于阿育王寺，研究该寺庙的朱金木雕、佛像等技艺。754 年，他到了日本，带去的千手观音、赤旃檀文殊像等至今还在日本东大寺供奉。鉴真和他的弟子在奈良东大寺，唐招提寺的金堂、舍利殿、偶开山堂等用朱金木雕应用于建筑雕饰，至今仍有遗迹可寻。

宋代李明仲写有《营造法式》一书，提及建筑木雕的技艺经验。四川江油市云岩寺是宋代建筑，反映了当时木雕建筑装饰的面貌。

唐宋时期，其他木雕工艺品也在社会生活中大量出现，如文具、木雕家具装饰、建筑屏扇、手杖把、尘尾柄、剑鞘等。雕镂精致，以瑞兽、狮、虎、龙、凤、鸟、兽等作图案，随器物形制需要进行装饰，材质多用紫檀、黄杨等优质木材，雕刻技法有雕、琢、镂、刻、剔、嵌等，刀凿并用，雕刻技艺有了进一步提高。

北宋彩绘木雕观音像，明尼亚波利斯艺术馆藏

第三节　鼎盛期

明清两代至民国（1368—1949）是我国传统木雕艺术的鼎盛时期。明末资本主义开始萌芽，商业的繁荣促进了手工业的兴盛，古代石窟艺术已经成为过去的辉煌，佛教寺院多以木雕创造各种佛像。

宋代彩绘木雕菩萨

泉州开元寺甘露戒坛规模宏大的佛教群像是现存明代的代表作，有卢舍那佛、释迦牟尼佛、阿弥陀佛、千手千眼观音及各种菩萨、金刚护法等5层，蔚为壮观。坛顶藻井结构复杂，附刻飞天、伎乐飞天等木雕24尊，雕刻技艺高超，形象生动精美。

清代佛教密宗造像也很兴盛，河南开封大相国寺内整棵白果树雕刻的《千手千眼佛》；北京雍和宫内一尊高18米，直径3米，地下还有8米的整根旃檀木雕弥勒大佛，是西藏七世达赖喇嘛从尼泊尔把26米长的大木花3年时间运来北京后雕成佛像的，并且还建了佛楼。佛像宏伟巨大，神态自若，庄严生动，还有五百罗汉山和金丝楠木雕刻的佛龛被誉为雍和宫“三绝”；承德普宁寺的木雕千手千眼菩萨之像高22米，表情肃穆端庄，衣纹流畅，刀法遒劲。

明清时期建筑木雕、家具、木板工艺品等的发展，日臻完美，木雕技艺也日趋成熟。圆雕、浮雕、多层镂雕不断创新，是我国木雕史上的辉煌时期。

明清时期的建筑木雕更为普及，由宫廷庙宇向民间建筑延伸，并突破了朝廷规定的许多比喻象征物的限制，使木雕艺术得以在民间充分发展。

这一时期的木雕品题材，多见为生活风俗、神话故事，诸如吉庆有余、五谷丰登、龙凤呈祥、平安如意、松鹤延年等木雕作品，深受当时社会欢迎。

河南开封市相国寺千手千眼佛

这件木雕体量较大，面相丰腴，柳月弯眉，微合双目，法相澄明。观音长身玉立，庄严中不失女性之柔美。着通肩长衣，衣纹飘逸当风，雕刻精湛。右手自然垂放，左手轻捏衣衫，神态端庄雅恵，深具教化祥和之意，为清代早期黄杨木雕之精品。

清早期·黄杨木雕鱼篮观音

贰 木雕流派与名家

中国木雕，分布极广，此衰彼兴，潮起潮落。由于各地的民俗、文化和资源条件迥异，因此不仅在取材上各不相同，而且工艺也各有千秋，形成了诸多具有浓郁地方特色的木雕流派。

在我国，木雕流派大多是以地域来区分的，如东阳木雕、广东潮州金漆木雕、乐清黄杨木雕、福建龙眼木雕、宁波朱金木雕、台湾木雕、云南剑川木雕、湖北木雕船、苏州红木雕刻、曲阜楷木雕刻、上海红木雕、南京仿古木雕、江苏泰州彩绘木雕、山西木雕、山东潍坊红木嵌根雕、辽宁永陵桦木雕、江西傩面具雕、湖北通山木雕、天津木雕、东山海柳雕，等等。

这些木雕流派在全国或者当地都极具影响力，而最为著名的是东阳木雕、乐清黄杨木雕、广东潮州金漆木雕、福建龙眼木雕，这四大流派被称为中国四大木雕。

这四大流派经过数百年的发展，形成各自独特的工艺风格，享誉全国，东阳木雕诞生于宋代的浙江东阳，擅长雕刻，

清末东阳木雕花板

清·黄杨木雕和合二仙摆件

图案优美、结构精巧。清代乾隆年间，被称为“雕花之乡”的东阳地区，竟有十多名工艺师被召进京城，修缮宫殿；乐清黄杨木雕从清代中期起就成为中国民间木雕工艺品之一，以雕小型黄杨木陈设品而闻名中外；明初有长乐人孔氏，利用天然疤痕树根进行雕刻，是福建龙眼木雕特有的传统工艺，被世人所重视；广东金漆木雕起源于唐代，它用樟木雕刻，再上漆贴金，金碧辉煌，具有强烈的艺术效果。

由于图书篇幅的限制以及本书主题的要求（主要着眼于木材本身的雕刻），本书将着重介绍东阳木雕和乐清黄杨木雕，其他两种木雕只在本章加以简要介绍。

第一节　东阳木雕

明清以来，东阳木雕已经发展到全国各地，技艺高手众多，形成了许多流派。以地域来说，有海派、浙派、港派、台派、南亚派。其中浙派为东阳木雕的主力军，这里名家辈出，巨匠争辉。

一、流派

【海派】

20世纪二三十年代，以李天圣、王盛彬、李高寿等一批在上海经营东阳木雕的艺人为代表。他们人数众多、技艺高超，成为了当时上海木雕行业的主力，并对上海建筑装修和家具装饰风格有很大的影响。

东阳木雕台屏三英战吕布

1920年前后，李天圣的“仁昌”公司、李鸿泰的“双鸿泰”雕刻木器店、王盛彬（东阳扬溪人）的“王盛记雕刻木器”、叶培灿的“叶康记”、徐国祥的“徐海记”、李高寿（东阳蟠松村人）的“原利雕刻木器厂”、卢开池（东阳横店人）的“卢记古董店”等厂家相继在上海诞生。各厂家的把作师和绝大多数木雕艺人都是东阳人，其中“王盛记”和“原利”等厂家最享盛名。

“王盛记”常年雇工100多人，曾先后聘用杜云松、楼水明、卢连水、楼明火等著名雕刻高手，生产樟木箱、火炉凳、大堆台、各式屏风、茶几、壁挂等仿古雕刻和红木家具，工艺精美，产品多数销往美国。1957年公私合营，王盛彬出任私方经理，厂名改为“上海工艺五厂”。

“原利”厂创始人李高寿，28岁受聘于上海先施公司，技艺高明，即升为头脑（把作师）。他设计制作的室内家具装饰，参加国际饭店客房装饰投标，中标承建了二层和孔雀厅的全部装饰任务，一举成名。

1941年，他花黄金80两购得北京西路958弄楼房6间、平房4间，自己创办了原利雕刻木器厂，规模可与“王盛记”匹敌，雇工80余人，生产外销产品，新新公司包销。下半年他又以130两黄金购得百老汇路（现大名路）181号沿街3号楼房一幢，设立门市部，展销各式产品，生意兴隆。年底又集中艺人200多人，费时100天为被火灾烧毁的新新公司完成六层（中餐部）、七层（西餐部）装饰人

东阳木雕落地屏风八仙图

物的抢救，时间短、款式新、质量高，使同行大惊，其名声也随之大振。

当时孙科夫妇曾亲临门市部参观展销，并以9折价格购去卢连水精雕的《吕洞宾三戏白牡丹》挂屏、写字台、啤酒柜、大衣柜等价值1400美元的木雕家具。新中国成立后，李高寿出任原利雕刻木器厂经理，曾被推选为东阳旅沪同乡会会长。

【港派】

东阳木雕壁画锦绣西湖

抗日战争爆发后，东阳木雕艺人400多人，陆续南进香港，发展东阳木雕生产。温镜山著《香港艺术雕刻家具樟木箱发展史》一书记载：“制作由津、沪、华南六区汇集港隅，一炉共冶，灿烂争辉。”产品由樟木箱逐步发展到由柚木、樟木精制的睡房、客厅、餐厅等各式家具，成为继上海之后东阳木雕艺术品生产外销的又一重要基地。

1940年年底，日寇侵占香港，厂商倒闭，木雕艺人失业返乡。直到1945年日本投降后，艺人们又先后返回香港发展东阳木雕艺术产品。

随着香港经济的日益繁荣，木雕家具厂商发展很快，到1961年已达200余家，东阳木雕艺人（包括木工、漆工）已

清·东阳木雕人物

达3000余人（其中绝大部分是东阳籍人士）。1961年3月3日正式核准注册成立“港九艺术雕刻家具樟木箱商会”，由蒋垣鹤（东阳金鸡墩人）任主任。

在香港东阳木雕厂商中最有名望的有：

“香港艺华盛”，老板蒋垣鹤，有职工200余人，曾为秘鲁驻港领事寓所制作全套家具和其他装饰用具，产品以艺精质高闻名，畅销世界各地。

“香港泰美艺公司”，老板李鸿书，1950年由上海迁入香港，曾聘任楼水明为把作师。他曾赴欧美各国考察，在美国纽约设有分公司，主要生产屏风、樟木箱，营业盛极一时。

“香港化具公司”，由陈泽华（东阳官桥人）创办，产品精致实用，善于将东阳木雕的传统工艺用于西式家具，别具一格，畅销世界各地。1948年曾为港督精制一对樟木箱，先在高罗斯大厅展出一周，后运伦敦作为结婚贺礼送给英国女王伊丽莎白二世。

【台派】

1952年6月杜齐星（东阳吴宁镇人）在台湾创办了“台湾中国艺术雕刻木器厂”，厂址设在新竹市水田街113号。

1953 年春从香港、九龙东阳同乡中，招聘了雕花匠、木匠、油漆匠 13 人入台，从此东阳木雕在台湾地区开花结果，生产各式精美家具。因为台湾盛产樟木，可以就地取材，因此随着生产的发展，高档仿古雕刻家具、西式家具和东阳木雕传统相结合的产品也相继出厂，产品行销欧美各国。

清·黄花梨镂雕花鸟纹窗（一对）

1954 年在基隆、台中设立分销处，在高雄设立门市部，规模居台湾同行首位。1956 年至 1957 年间先后到马来西亚、新加坡举办雕刻木器展览会，侨胞争相购买。后台湾有木雕厂数百家，年创汇 10 亿台币以上。

【南亚派】

东阳木雕最早进入新加坡约在 1935 年，当时东阳木雕艺人杜文棋、杜顺满（仓前人）、葛昌和（十里牌人）、蔡秀林（蔡宅人）、沈秀华、沈凤火（沈良人）、胡义方（东胡人）、单茂发、单茂成（李宅人）、朱新朝等 10 余人，先后由香港转马六甲、吉隆坡，进入新加坡。

开始时，在上海、广州人士开设的厂店帮工，随着进入新加坡的人数不断增加，有的开始自立门户开店设厂，计有杜文棋的“振兴雕刻艺术木雕”、葛昌和的“雕刻木器”、杜

东阳木雕花鸟花板

式文的“振兴雕刻木器”、沈凤火的“申艺雕刻木器”、单鸿儒的“金华雕刻木器”等，大多数是父子、夫妻厂店，只有“振兴”“申艺”两家最具规模。

【浙派】

浙派是指东阳木雕发源地东阳及周边的永康、缙云、义乌、浦江、兰溪、金华，以及20世纪80年代拓展的江西、福建等地的木雕艺人。这一范围艺人达数千人之多，各地厂家以生产外销工艺家具如箱、柜、啤酒柜、咖啡台、火炉凳、茶几、成套家具及各种挂屏、台屏及宗教用品等为主。东阳本地人才辈出，名匠大师的作品屡屡获奖，蜚声中外，如：1958年9月，杜云松设计创作的《梁红玉击鼓抗金》挂屏获设计创作第一名，卢连水创作的《昭君出塞》、黄紫金创作的《三英战吕布》挂屏获第二名。

东阳木雕花鸟花板

1956 年东阳著名艺人赵金清、陆润寿一行 20 余人，赴杭州灵隐寺重新创作了释迦牟尼大佛像，佛像身高 19.6 米，用 26 吨重的 34 块香樟木拼合雕成，做到了天衣无缝、巧夺天工。楼水明创作的《八骏图》、卢连水创作的《百鸟朝凤》樟木箱，均享有盛名，是国际市场的抢手货。

20 世纪 60 年代，雕花状元楼水明创作的《西湖之春》，在国内外展览会上均获得好评，被选用于北京人民大会堂的装饰。12 位艺人集体创作的《百万雄师过长江》，是反映现实题材的一件大作品，长 3.4 米，宽 1.4 米，画面展现了人民解放军横渡长江排山倒海般的气概。这一时期除了传统木雕外，还增加了彩木嵌、金属嵌、贝壳嵌、白木嵌、彩石嵌等新产品。

1983 年中国工艺美术大师陆光正创作的插图屏《百美图》，屏高 2.5 米，宽 3 米，刻 147 个仕女，如天女散花、昭君出塞、

东阳木雕花鸟花板

文姬归汉、貂蝉拜月、西施浣纱、贵妃醉酒、洛神、梁红玉击鼓抗金、红楼十二钗等，集古代仕女之大成，汇巾帼英雄于一图，百女百态，独具匠心。

同年 12 月为美国纽约美隆贸易公司雕制一尊《千手观音》佛像，费时半年，花工 2700 余个，高 2.8 米，宽 2.6 米，重 1.8 吨，由底座、莲花台、佛像三部分组成，在直径 2 米的八角形底座上雕刻着绚丽多彩的拼花图案，莲花台四周衬托着 48 片莲花瓣。佛像高 1.63 米，盘腿端坐的观音姿态安详，体形丰满，千手千眼，错落有致，胸前的飘带、项链，肩上的披纱等均用真金镶嵌，客户视为珍品，蜚声中外。

二、名家

【杜云松】

杜云松（1884—1959），20 世纪 20—50 年代东阳木雕名匠，被誉为“雕花皇帝”，学徒弟子众多。他文学修养高，技艺全面而精巧，能设计绘图，从打坯至修光、细雕，无所不能。代表作品有《梁红玉击鼓抗金》挂屏等。

【卢连水】

卢连水（1884—1961），20世纪50—60年代东阳木雕名匠，他的作品以造型准确、构图丰满见长，代表作品有《昭君出塞》《百鸟朝凤》等，各地寺庙多留有他的作品。

东阳木雕花鸟花板

【黄紫金】

黄紫金（1894—1961），20世纪30—70年代东阳木雕名匠，曾被誉为“雕花宰相”，弟子有冯文士等。曾在香港带领弟子从业。他的技艺全面，人物木雕造型丰满，具唐人风格，代表作有《三英战吕布》《水浒一〇八将》等。

【楼水明】

楼水明（1898—1983），20 世纪 20—70 年代东阳木雕名匠，被誉为“雕花状元”，为东阳木雕全国工艺美术大师。弟子学生众多，如陆光正等。曾在蒙古草原体验生活，擅长雕马，新中国成立前曾在香港带领弟子从业。他的代表作有《八骏图》《西湖之春》、新加坡董宫酒家 24 幅人物故事条屏等。

东阳木雕四季条屏

【陆光正】

陆光正，20 世纪 70—90 年代东阳木雕全国工艺美术大师，他的作品以造型准确、构图完美见长。代表作有《三英战吕布》《百美图》等。各城市宾馆留有其作品甚多。

【冯文土】

冯文土，20 世纪 70—90 年代东阳木雕全国工艺美术大师，他的作品以窈窕仕女最为出众，有一定的理论基础。代表作有《金华黄大仙像》，各地宾馆、寺庙其作品甚多。

雕龙摆件

【吴初伟】

吴初伟，20 世纪 70—90 年代东阳木雕全国工艺美术大师，设计能力强，雕刻技艺全面，擅长山水、人物、花鸟等各种题材。代表作有《春游大观园》《曹操赠袍》《菊花会》等，作品多次参加省、市及全国展览。国内外宾馆、饭店留有其作品甚多。

第二节　黄杨木雕

一、起源

黄杨木雕是以黄杨木做雕刻材料的小型圆雕。浙江的温州、乐清两地，是我国黄杨木雕的重要产区之一。黄杨木是热带、温带较常见的常绿植物，我国东南沿海、西南、台湾都有广泛的分布。

黄杨木

黄杨木生长非常缓慢，一般要生长四五十年才能长到3—5米高，直径也不足10厘米，所以适宜于雕刻小型人物，供案头欣赏。黄杨木质地坚韧，纹理细腻，硬度适中，色彩极艳丽，有的呈淡黄色，黄杨木经精雕细刻磨光后能同象牙雕刻媲美。特别是随着年代的久远，颜色由浅而深，给人以古朴美观，别具特色，十分受人喜爱。

二、名家

【叶承荣】

艺人叶承荣，于清道光二十年（1840）前后所做太上老君像，是近代温州黄杨木雕第一件传世作品。以后，叶家此艺代代相传。

【朱子常】

朱子常（1876—1934），名正伦，字子常。根据目前可参考的资料证明，他是温州地区最早利用黄杨木进行雕刻的人，他对近代温州地区黄杨木雕技艺和风格有很大的影响，并为温州地区黄杨木雕形成专业化生产奠定了基础。

朱子常雕黄杨苏东坡常砚立像

朱子常出生于温州一个清贫的画匠家庭，姑丈泮雨庭是当时浙南地区较有名望的塑佛艺人，他从小就拜其为师，学习泥塑、雕花技术和漆画以及龙灯木雕和木偶头面雕刻，从光绪二十六年（1900）左右开始黄杨木雕创作。他创作的《捉迷藏》《六孩戏弥勒》《布袋和尚》等都是形象生动、表情丰富、精美古朴的著名作品。1909 年他的作品《济癫和尚》参加南洋劝业赛会获得优等奖，1919 年参加巴拿马赛会又获得二等奖，为我国具有民族独特风格的工艺美术品赢得了声誉。后人赞誉他的作品是刀法圆转流畅，衣纹轻盈透体，造型栩栩如生，人物清新隽逸。

《虞初近志 · 巧工遇记》曾记载朱子常的事迹：“子常……雕刻绝精，尤擅佛像……神态如生，了无斧凿痕。”虽然他的技艺风靡一时，但他“性绝乖僻，而家贫甚，人苟以金要之，辄拂袖去，故所刻物，不甚易求”。如此性格，难免得罪当时的权势者，他曾两度被投入监狱，遭受迫害和折磨，郁郁去世。终年不足60岁。

【王凤祚】

王凤祚（1905—1993）出生于浙江乐清一个普通的工人家庭。13岁起学艺，直到89岁辞世时才搁下雕刀。他通过自己不懈的努力，成为一个卓有成就的承前启后的黄杨木雕宗师。由于他的勤奋刻苦与艺术天赋，在年轻的时候，雕刻佛像的技艺在温州地区已崭露头角。新中国成立以后，由于他技艺出众，在木雕界声望极高，在1953年3月由当地文化部门推荐到中央美术学院华东分院从事黄杨木雕的创作和研究工作，1963年后又成为浙江省工艺美术研究所筹建人之一。他的《苏武牧羊》《牛郎织女》参加1953年的华东和全国的民间美术工艺品观摩会展出，博得好评。《苏武牧羊》还参加在莫斯科举办的社会主义国家造型艺术展览。在1956年的浙江民间美术工艺品展览上，他的《国防军战士》又受到表扬。同年，他还创作出《气死金兀术　笑煞牛皋》。1957年，他的《巡逻》

黄杨木雕药王孙思邈

被选为中国历史博物馆建军 30 周年作品。1959 年，他的大型木雕作《毕昇》被中国历史博物馆永久收藏。1985 年，《释迦》又被国家作为珍品，收藏于中国工艺美术馆。

从他的作品面貌来看，无论是选题构思还是艺术立意，从构图、格调、技法表现到人物形象刻画，特别是作品的内涵和力度，都把民间的雕刻艺术推向了一个新的高度。

【叶润周】

叶润周（1917—1996）1917 年出生于浙江乐清市地团前岸村一个相传几代的木雕世家。10 岁起随父学艺，1940 年他的作品在浙江省民间艺术品展览会上崭露头角。他在近 70 年的艺术生涯中，持续创作了许多优秀的、高水平的黄杨木雕作品。其主要作品：在 20 世纪 50 年代有《八仙》《饲养员》《海防女民兵》《天女散花》等，在 60 年代有《秋翁遇仙》《军民联防》，在 70 年代有《红绸舞》等，在 80 年代有《群仙欢舞庆人间》《皆大欢喜》等。作品多次获省级、国家级奖牌、奖杯。由于他的杰出成就，在 1988 年被授予“中国工艺美术大

民国·黄杨木雕松纹水洗

师”的荣誉称号。

叶润周先生专业基础扎实，技艺全面，集圆雕、浮雕、镂刻、彩塑等于一身。创作的作品不满足于对传统的继承和发扬，而是着眼于对创新的探索和追求。代表作之一的《红绸舞》侧重于技法上的大胆创新，融圆雕、镂雕于一体，通过镂空的连续飘带，产生流畅和动感的完美效果。而他的《皆大欢喜》更是表现形式上的重大创新与突破，即通过浮雕技法的夸张变形处理，大面积地展示黄杨木横断面优美的材质肌理，这在以往的黄杨木雕中是从未有过的，作品清新典雅，别具一格。

【徐宝庆】

徐宝庆（1926—2008），浙江台州人。幼年时父母双亡，后由贫苦的外祖母送入上海南市普育堂。7 岁进入徐家汇天主

清·黄杨木雕罗汉

这件作品中的罗汉侧卧，左手托头，手肘枕于一只小象之上，做休息冥想状，小象匍匐于一侧，憨厚可爱，人物形态逼真、传神，衣着肢体雕工精细，丝丝入扣。整个器物包浆浑厚，色温润，微泛红，乃清代木雕中佳品之作。

教会办的土山湾孤儿工艺院，10 岁开始艺术学徒生涯，先后学习绘画、铜匠和家具设计等，然后进入雕刻工作室，开始从事木雕工艺。1944 年，他以优异的学习成绩满师后，开始独立谋生。

徐宝庆是上海海派黄杨木雕的创始人。他的黄杨木雕深受西方艺术的影响，造型写实，注重解剖结构比例，且作品具有浓郁的生活气息。他思路宽泛，雕刻题材多样，人物、动物皆能，作品内容涉及天主教、佛教、神话传说和现实生活。他对劳动人民怀有深厚的感情，表现农村题材尤为得心应手。特别是他的儿童题材作品最具个人风格，儿童造型生动，富有幽默感，情趣盎然。代表作品有《五子戏龟》《舞龙》《顽皮娃娃》等。《送公粮》《放学路上》由上海博物馆收藏。除黄杨木雕外，徐宝庆还擅长石雕、牙雕、砚刻等，是一位不可多得的雕刻多面手。

【高公博】

高公博（1949— ）出生于浙江乐清一个劳动人民家庭，1965 年进乐清黄杨木雕厂学艺，1978 年师从浙江美术学院周轻鼎教授。1988 年被评为高级工艺美术师，是我国授予的第三批“中国工艺美术大师”之一。高公博几十年来潜心于黄杨木雕的创作和研究，作品题材广泛，构思巧妙，工艺自辟蹊径，面

民国 · 黄杨木雕人物摆件

貌独具一格。作品《蓑翁》《济公》《酒不醉人人自醉》分别于1985年、1987年由国家作为珍品收藏。1988年至1990年，作品《端午惊梦》《鱼湖雨声》等分别获中国工艺美术百花奖一等奖和“希望杯”奖。1990年开拓劈雕艺术。

1991年高公博应澳门青年文化协会邀请在澳门市政厅举办个人作品展览。1997年，作品黄杨木雕《乐天》、黄杨根雕《村童》、黄杨劈雕《苏武牧羊》被浙江省博物馆收藏。1999年，《人民日报》海外版在中国美术馆举办“高公博黄杨木雕艺术展”。他的作品明显地反映了黄杨木雕在当代的嬗变及在创新上的重大突破。他的黄杨根雕、劈雕艺术从不强调面面俱到的具体细节刻画与表现，而注重作品的整体形式结构和大的气势把握，达到气韵生动的审美情趣，七分自然，三分人工（或劈或雕），自然变形与艺术变形结合，从而达到“天人合一，人天同构”的艺术境界。高公博的作品可以说已经与传统黄杨木雕所追求的光洁纯朴、精雕细刻、刀法圆润的人工味极浓的写实型手法模式迥然不同，他创新的泼墨型的根雕、劈雕艺术，以其全新而独特的审美感而引起国内外瞩目，传统的黄杨木雕在他手里已经有了重大突破，产生了质的飞跃。

【其他名家】

近百年来，黄杨木雕名家辈出，除上述以外，还有不少杰出人物，如以反映轰轰烈烈的现实生活见长，并于1958年创制出黄杨木雕打坯机的温州著名老艺人陈志云。他的黄杨木雕作品《放鞭炮》《庆丰收》被送往莫斯科展出并获奖，《满江红》《岳飞》选送日本展出，均获好评。他曾是浙江省文联委员、温州市工艺美术研究所副所长。与他同时代，亦有同样成就的老艺人还有虞明华、郑祥奎、王笃才等。

在黄杨木雕国家级和省级工艺美术大师中，更是流派纷呈，人才辈出，如以具有浓郁农村水乡生活情趣作品著称的王笃纯，以擅雕罗汉而著名的虞金顺，以生动塑造历史题材为主的叶栋才，以动物题材见长的虞定良，以历史人物和少数民族为主要创作内容的王笃芳，以反映近现代名人（鲁迅、孙中山等）并以此确立风格的郑胜宁，还有大胆地融汇绘画构图与技法于黄杨木雕技艺中的陈成斗，等等。他们不但各有各的风格与面貌，而且也有为数众多的黄杨木雕佳作问世。上述这些以中年艺术家为主的黄杨木雕中坚力量，正在推动着黄杨木雕技艺的不断发展和前进。

清·黄杨木雕竹报平安笔筒

附录：

广东金漆木雕

金漆木雕最初是我国古代的一种建筑装饰艺术，流传到南方后，又受到某些地方艺术特色的影响形成一种木雕流派。它已有几百年的历史。用金漆木雕来装饰房屋和庙宇的栋梁、屋椽、门楣以及家具等，显得金碧辉煌，给人以富丽庄严之感。

金漆木雕历史悠久，早在明清两代就有很高的艺术水平，历史上分潮州和广州两大类，潮州地区最为著名，因而又通称“潮州木雕”。

清·潮州金漆木雕盒

潮州地区的金漆木雕是由粗犷的木雕发展而为精细的日用木雕，如挂屏、座屏、神龛、茶柜、香柜、案桌、屏风等。其中尤以黑地金漆神龛最为精巧。大约在3寸高的龛门窗格上就能刻出十多个故事人物，如果是戏曲人物，所穿袍甲还雕上图案花纹、背景还衬上通雕景物，可以说是世界木雕艺术中最精细绝伦的技艺了。潮州金漆木雕以花、鸟、鱼、虫、蟹为主要题材，内容丰富多彩，造型写实肖似。表现手法擅长通透雕。贴金方法有黑漆描金、五彩饰金、全面贴金等。

金漆木雕选择优质樟木或银杏、冬青等木材，经过凿坯、细刻、磨光、揉漆、贴金等工序后，作品庄重优美、金碧辉煌，而且不易腐朽。著名艺人张鉴轩为北京人民大会堂广东厅设计制作的两件大型金漆木雕《花鸟》和《鱼虾》是金漆木雕传统题材——鱼虾蟹篓的代表作。

广州地区的金漆木雕以雕工雄浑、粗犷、生动流畅见长。它与传统建筑结合十分密切，喜欢把人物山水，翎毛花卉、走兽虫鱼和各种图案选入画面。既有帝王将相、才子佳人，也有渔樵耕读，还有古典诗词或朱子家训之类的格言警句。画面构图善于吸取传统绘画的长处，并以“之”形与“S”形的径路来区分不同的情节和场面，山水风景常用数点透视、层

金漆木雕摆件

次多、景深大、视野广，在狭小的画面上，表现出广阔的空间。在刻戏曲人物脸谱时，艺人们多用旋刀在眼圈外刻一两刀，以突出其神情，讲究远视距艺术效果。

叁 东阳木雕的工艺与技法

东阳木雕，是以平面浮雕为主的雕刻艺术。其多层次浮雕、散点透视构图、保留平面的装饰，形成了自己鲜明的特色；又因色泽清淡，保留原木天然纹理色泽，格调高雅，又称“白木雕”（示以木材的天然色泽，不同于彩绘），自唐至今已有千余年的历史，是中华民族最优秀的民间工艺之一，被誉为“国之瑰宝”。

第一节　木雕工艺

东阳木雕的生产工艺，一般有九道工序，即刷样、打轮廓线、脱地、分层次、分块面、细坯雕、修光、打砂纸、细刻等。

下面为大家简要地介绍一下这方面的情况。

一、刷样

将已设计好的图稿，用复写纸复写在木板上。如批量生

木雕雄鹰

产的图稿，要通过打样机用蜡纸打成小孔图样，然后把小孔图样放在木板上，用油墨刷印，脱印后要检查一下图样有无遗漏，漏印的要补足，走样的要重新打样。

二、打轮廓线

刷样后的木板，称为花板，雕工就在花板上依照图案花纹打轮廓线，自上而下地锤打凿柄。第一次轮廓线不能刻得过重和过深，刀口一般扣在物像线外 1 毫米左右，留有余地，以免损伤物像形体，刀口要向物像以外倾斜 15°，随着脱地的步步深入，打轮廓线也逐步加深和扣近物像。

三、脱地

又称剔除，就是在打完大体轮廓线之后，再进行脱地，

用左手紧握平凿或蝴蝶凿，凿刀背向物像轮廓线倾斜，第一步成 45° 角，以右手紧握无刃小斧用力捶打凿柄，逐步脱剔空地，凿刀角度随着脱地深入，也逐步减低度数，即从 45° 到 30° ，再到 15° 角，最后到 0° 成为水平线。

雕刻空地时可成水平线，但雕刻地面时要保留一定的倾斜度透视面，倾斜度的大小要根据花板的厚薄和图稿的视平线而定，一般木雕视平线定得高的，地面倾斜度小，雕板视平线定得很低的，地面倾斜度要大些。

脱地雕刻一般要先雕脱天空位置的空地，因为天空的空地是根据木板厚度决定深浅的，然后再雕脱地面位置的空地。脱地雕刻不能平脱，要留有自下而上的斜度，倾斜度到天地交际线止，也可说从上到下或从外到里逐步斜脱，呈现出地面视平线。地面外线的深度可以根据木板及图样的复杂程度而定，画面复杂的可脱深些，即木板要厚些，画面简单的可脱浅点，木板也可薄些，地面的内深度就定在天空与地面交界线上，地面不能深于天空的深度。

脱地雕刻过程，一般把大块面积的空地先脱掉，然后再脱中小块的空地面积，很小块的空地也可在打精坯时连雕带脱一次完成。

脱地时要注意轮廓线，不要往物像内倾斜，以免损伤物像雕刻。

四、分层次

有的图稿分三层，有的图稿要分四层，也有分五层、六层的，也有只分两层的，根据不同的花板图稿而定，不论有几层可分，在花板雕刻时要从最底下的一层开始，花板是从低到高，图稿是从远到近，与脱地从近到远，从高到低相反。例如，普通箱花板一般分三层：第一层是远山；第二层是中间的树；第三层是最近的人物。层次分明，主次明确。

细坯

例如人物和风景重叠时，首先要服从人物，突出人物，在不影响其他物像的情况下，尽量把在人物旁边的背景物像雕得低些，其他物像和人物没有高低矛盾的、能保留层面的，需尽量保留层面，以增强立体感和深度感，同时也增加牢度。例如树林、假山、假石、楼、台、亭、阁等物像，不分前后，能保留层面的都要保留在层面上。

浮雕如果层次分得不当，就会缺乏深度，发挥不了木板深厚的雕刻效果。凡属前面的物体千万不能刻掉层面，远的物体在深浮雕中可以雕掉层面。初学者要注意前面的物体不能雕得太圆，如前面的雕得很圆，就把后面的中景和远景都压扁了，这样会影响画面的深度感和空间感；所以在分层次时，先要看清楚图稿画面有多少层次，要目视预测分出各层之间的深浅度，然后再动手雕刻。

雕刻时还要注意不要单刀直入，突破各层界线，因为板料的厚度总是有限的，在处理背景层次中能够留高点的，一定要保留高点。除了房屋外，层次的处理要有凹凸，使画面有变化。

五、分块面

所谓分块面，就是要在分层次后使花板立体化。

分块面是根据各层板料的厚度进行，首先分大块面，然后再分小块面，一般物体要先分三向面，使用蝴蝶凿，仍用小斧锤打雕刻，在分层次的基础上来分块面。

例如人物中的头部脸型刻分为左、中、右三向面，然后再分出五官的小面。五官要以鼻梁为中心线，分出左右斜向

木雕艺人现场演示雕刻工艺

面；再以两眼间连成横线面，以两眉为高点，对比着两眼留出高点来分面；再以鼻下为横线，留出嘴唇为高点，进行分面，使五官形体面分出来。人体服装同样是从大面到小面：花卉要先分整朵花冠的大面，像牡丹之类，可以先雕成圆球形体，再分出花瓣、花蕊的局部块面，分出花叶长向和枝干的转折关系的块面。分大块面时要注意的是侧面，下要刻到地面或靠到其他物体中，要保留有坎头，否则物体与物体之间就没有空间感。画面空间距离越远，坎头越高；空间距离越近，坎头越低。分块面的深浅是根据深浮雕和浅浮雕的不同深度而定的。

深浮雕是以块面为主，面线结合；浅浮雕（薄浮雕）是以线为主，线面结合。

六、细坯雕

块面分成之后就进行细坯雕，细坯雕就是刻画出画面的细部，例如树、花朵、枝干、人物形象、衣纹等。细浮雕一般要从下刻到上，先次要，后主体，以免在操作过程中把上面主要的物像碰坏。特别要注意的是深浮雕的镂空部位，要注意牢固度，有的镂空也可以在作品完工前再进行留空雕刻。

木雕渔翁

细坯雕主要是雕刀功，有铲雕、脱地雕、细雕、刻雕、镂雕、逆雕、顺雕、切、剔等刀功。刀功用刀各有技法，主要分轻工雕和重工雕。轻工雕是刻、修、剔；重工雕是用右手的大拇指和食指把雕刀柄夹住紧贴虎口，以食指、中指、无名指在刀柄外往里扣紧，以小指在刀柄内往外贴近刀柄。

这样的握刀方法，五根手指的力量分配不均，很明显小指负担过重，只好用左手的大拇指作为辅助力，左手五指散开紧贴在花板上，伸出大拇指紧贴雕刀下前方柄内，帮助右手的小指动作，这样力量均衡，用刀自如。实际是右手为主要动力，术语称为“凿劲”。左手是舵手，要把得准确。双手互相配合得当才能雕得好。

细坯雕要刻出人物的动作、形体、衣纹结构，花型结构、

枝叶形体，人、景、物的质感要分明。

细坯雕的效果如何，直接影响到作品的好坏。细坯雕完成，就基本上看出作品的面貌和效果了。

七、修光

修光是初坯以后的细加工。修光时，对作品的雕刻从整体到局部要面面俱到再雕刻，但又不是细坯雕的重复。修光的生产工艺与细坯雕类似，先从空地开始修光，从底下修到上面，因打坯时是用圆刀打的，质地不平、不光，修光必须用平刀进行，把洞孔中的刀疤、翘角用平刀进行修光。修光工序的要求：

木雕和合二仙

一是把整个作品修光，无毛刺，无创疤；

二是把线面修整、修平、修准；

三是修补粗细坯雕后留下的不足之处，例如横直线的不正，人物五官不正，衣纹结构的弥补，花枝树叶的厚薄，叶筋、花蕊的细刻，树干的粗细修整等工艺。

修光是对细坯雕刻工序的调整和补充。

八、打砂纸

修光完了要用木砂纸打光。打砂纸的目的，是使木雕品更加精美细腻。打砂纸的方法，一般要用旧的零号木砂纸，顺木纹砂，不能横砂或逆砂。

木雕贵妃醉酒

打砂纸是对修光工序的补充，但要掌握不能把具有刀工美的刀锋砂掉，而是要根据木雕作品的需要，有目的地去砂，砂过之后再用棕刷刷干净。

九、细刻

这是雕工的最后一道工序，是精雕细刻、装饰花纹的一

沉香木雕如意

道关键工序。这道工序主要是用三角刀雕刻水波、石纹、松针、鸟的羽毛、兽毛，以及人物眉目、笑容皱纹、发型结构、衣纹结构、服饰、花纹等。要刀刀细刻，做到线条流畅、疏密匀称、丰富多彩。

刀工要娴熟，不能含糊，线条粗细要均匀，不能断断续续、粗粗细细，以免降低了作品的装饰性。通过这道细刻工序，木雕作品更完整美观。

第二节　雕刻技法

东阳木雕的雕刻技法有：薄浮雕、深浮雕、圆雕、半圆雕、透空双面雕、锯空雕、贴花雕、阴雕、彩木镶嵌雕等十多种。

一、薄浮雕

薄浮雕也称浅浮雕。在图稿设计中要求主题明确、形象生动、动态优美、构图简练，少交叉、少重叠，少层次，浮雕的外轮廓线准确。

（一）薄浮雕的工艺特点

1. 薄浮雕是以线为主，以面为辅，线面结合来表现对象形体结构的雕刻技法；

2. 薄浮雕画面深度一般为2—5毫米；

3. 薄浮雕既薄又要有立体感，这就要求刻线严谨，以刻线来增强画面形体的立体感。

（二）具体操作工艺

根据台屏、挂屏、小摆件、屏风、门、窗装饰等的要求设计好图纸画稿。画稿最好用薄而坚实的纸描绘，因为薄浮雕线条要求严谨，薄纸复写时线条容易复写得准确。把画稿用复写纸复写到木板上，批量的也可用刷样进行。

木雕仕女

复写好后要认真校对，校对完了先打轮廓线，根据板的厚度，按照实用的需要而定出画面地底的深度，再进行脱地。

第一遍脱地一般剔掉 2—4 毫米深度，不要剔到底，要留有 1 毫米的余地。这就是说先留高 1 毫米，待图稿物体全部雕刻完工后再把地底剔标准。

清·木雕信筒

把地底大致脱好后，再着重刻画物体图案，先分出小层次和小面，围绕线的转折加以修饰分小面，以刻线的表现力来达到物体的立体感。把边缘线修圆以增强深厚感，不要使人对薄浮雕产生单薄之感。薄浮雕雕刻时下刀要轻、要准，而且画面物体中刻线深度绝对不能深于地底、木板的深度。

一般薄浮雕可以把打坯、修光两道工序合二为一，这样既省工又准确。这样雕法就要求刀具要锋利，在雕刻形象物体时可以一气呵成，不再重复，最好把细刻脱地放到最后，这样既容易掌握薄浮雕的深浅，也不会把大面积的地底搞脏或搞得满地刀痕，使雕刻画面保持整洁。

经过抛光后的木雕手镯

雕刻完工后可用零号木砂纸稍擦一下，并注意要待砂纸锋头全部磨掉后再使用。打砂纸时要尽量注意雕刻物体的棱角，需要光的部位要砂光；需要保留棱角的部位一定要保留而不能砂掉；打砂纸时要轻轻地打，要注意高低起伏。最薄的浮雕，也可以不脱地，即在图案物体边线以外的空地处斜面脱地就可以了。

二、深浮雕

深浮雕，又称镂空雕。深浮雕要达到玲珑剔透，必须采用镂空雕法。所以深浮雕法和镂空雕法是相辅相成的雕刻技法。

深浮雕主要用于台屏、壁挂、条屏、屏风、插屏、案几陈设等高档产品。画面设计要求主题明确，构图丰满、疏密得当、粗细结合、丰富多彩、耐人寻味。

（一）深浮雕操作工艺

把画稿复写到木板上，用平凿和圆凿先打轮廓线，打轮廓线时要注意打在轮廓线外，不要打在线中或挨得太近，因为深浮雕经过几次雕刻，物体愈雕愈小。打轮廓线下刀时要

采用深浮雕技法的窗板

注意刀口往物体外倾斜些，使物体内的木质纤维不受损伤。打完轮廓线，再进行脱地，使用的工具是平凿、翘头凿等。

脱地应从深到浅，即从画面的天空到远地面、远水面，

木雕金马

再到近地面、近水面。要以天空作标准，深地、空地都要以天空空地为基准，不得深于天空空地；地面、水平面要由近往远（即往天空空地）斜脱，越近越高，越远越深。

脱地时对小空隙（即树枝之间和物体之间的小空隙）可以先不脱剔，待打细坯，镂空脱地时进行。脱完后就进行分层次、分高低、分远近、分块面。分层次和分块面时要注意最前面一层物体与第二空地基本层次拉开些。第二层次、第三层次可分为中浮雕式的厚度。第四层次或第五层次可分为浅浮雕和薄浮雕式的厚度。分块面有大面与小面之分。根据板的厚度尽量把物体分得具有立体感。层次、远近、高低、块面基本分出以后，就可以进行细坯雕。

细坯雕一般应该自上层往下顺序进行雕刻。一些过深的浮雕也可以相反地自下层往上雕刻，不会碰坏上层物体。而自上层往下雕刻可以在细坯雕中纠正分面、分层次中的高低不准确现象。

细坯雕应该把物体形态，例如人物的面部表情、花纹的处理，物体的来龙去脉，转折关系等都雕刻清楚。

镂空雕是在细坯雕中进行的，凡物体本身厚度多余的木梢都可以镂掉。例如人

木雕观音坐像

物头部雕完后脑后多余的大块木梢都可以镂掉。一般树枝、花枝都可以镂空。

（二）注意事项

1. 不要操之过急，要一刀刀、一点点地镂；

2. 要先镂大空处，即粗镂之处，细镂或易断碎处放在最后镂空；

3. 在镂空雕时要注意物体的牢固性；

4. 不要伤害物体的圆度、厚度和物体的完整性。

细坯雕和镂空雕完工之后，作品的基本效果已经出现。接着进行修光，修光是对作品的细加工，也是对细坯雕的再次校正、提炼、完善和提高。修光首先应把物体的坎头切光，再进行脱地修光。脱地修光的顺序可以由大空地到小空地，以光平为标准。修光的刀具一般应该比较锋利，脱地的大平刀、大翘头平刀等刀具的柄也要长些，这样在修光脱地时可以用肩顶。修光时用刀要有劲，有刀劲做出来的作品光而亮。

木雕屈原像（局部）

而没有刀劲的作品就显得枯燥无味。所以，“刀劲”是修光好坏的关键。脱地修光完了再进行形象物体的修光。

物体修光有：顺、转、浑、披、切、割等用刀技法。

顺：是按握刀手顺剔的使用刀法。

转：是圆刀口向上的使用刀法，有顺转、逆转、侧转等。

浑：是圆刀口向下的使用刀法，使雕出的物体有圆浑之感。

披：是用刀口中间顺刀口方向的斜使用方法。

割：是用刀的一角往前、往侧切割。

掌握这几种用刀的技法，以达到用刀自然有力、画面光洁。修光后用砂纸磨光，然后用棕刷刷掉砂粒，最后进行细雕。例如头发丝、胡须、服装衣纹、盔甲、花茎、叶茎、水纹等，都用小号三角刀进行精细刻画，把花纹图案、线条装饰、衣纹的来龙去脉刻画出来，深浮雕才算完工。

三、圆雕

即立体造型雕刻。传统的圆雕多见于神像、佛像、木俑等，现在有工艺品雕刻、人像雕刻、动物雕刻、花鸟雕刻等。圆雕的木料一般采用质地细腻、结实坚韧的，例如红木、黄杨木、龙眼木、白桃木、椴木、山白杨木等。

圆雕的雕刻技法分为：塑泥稿、取材选料、根据塑泥稿比例进行定位、打粗坯、细坯雕、修光、磨光、细加工八道工序。

塑泥稿是代替画稿的。在塑泥稿构思前，构思时也可以作画面构图，构图成熟了就着手塑泥稿。塑泥稿要考虑到用材的限度、作品的造型伸展范围和制作中的结构牢固性。同时，在泥稿的塑造中要求准确，达到四面好看，动作优美，要有主次虚实关系。塑泥稿的大小和作品大小比例可以是 1:1，也可以是 1:2 或者 1:3。

圆雕狮子镇纸

塑泥稿完成后，进行取材选料，大小根据需要而定。有的作品也可以因材施艺、因材取题。选材的时候应注意有的材料有明显的树芯、质地松软、颜色不一等现象；有的疤痕要尽可能避开或镂凿掉。

清·雕花板

材料选准确后进行定位，定位要根据泥稿中的物体的部位比例而定。例如人物圆雕先定出头部位置和头部大小，再以头部做比例定出胸、腰、四肢的位置。以泥稿为基准，定出深处的深度及最高点的位置。第一步刻用手锯把它锯出部位来，在锯时要留有余地，把大的关键位置定出后，就进入打粗坯。

打粗坯，就是分出形象物体的块面和动态。例如人物有前、后、左、右四大面之分，又有头部、躯干、四肢等许多小块面组成：一个头部要先搞清楚是俯、仰、侧、斜的具体姿态，再按照头的动向来分出大面，定出五官的确切位置，以鼻梁为中心线进行左右分面。在分面的时候，可以先将有把握的空处打掉，然后逐步扣紧。要从大位置到小位置，从大面到小面进行雕刻。粗坯雕的大小面形体基本定型后就可以进行细坯雕。

细坯雕时应将肯定的位置先雕，例如把人物的头部先雕，因为其他部位都要以人物的头部作为基准。例如身长相当于七个头长，手臂的长度相当于三个头长。对易断、易碎的物体要放到最后进行处理。

修光要由深处入手，由里往外修剔，这样使得作品干净而且具有刀味感。

砂纸磨光时，应掌握不要把刀味磨掉，尽量做到轻磨、细磨、少磨，力求保留圆雕的刀锋。

清·木雕花开富贵雕花板

砂光后进行细加工，例如对人物眼睛、头发、胡须、服饰的花纹、动物的皮毛、飞鸟的羽毛、鱼鳞的精雕细刻等。

四、半圆雕

半圆雕是圆雕和浮雕结合的一种技法，也可以说是圆雕的压缩，浮雕的扩大。半圆雕一般用于台屏、地屏、欣赏品和建筑装饰。图稿设计采取以一组人物配小景，或一组山水、一组花鸟为主的构图方法，以群像配小景的布局方法是半圆雕的特有结构。画面设计时要求把地平线压低，最好把地平线压低到底座的台面上，这样能够突出物体的立体感。

半圆雕的画面设计要求完整，外轮廓线不能虚构，要与景物相连成为一个有机的整体。半圆雕一般为三面雕刻，突出主题，辅以小景，突破木雕品种固有的框式结构。半圆雕的操作工艺是把画稿复写到需要雕刻的木板上，板料比例一般为6:1（即宽度为6，厚度为1）。例如，30厘米大小的画面，可用4—5厘米厚的板料。

清·木雕八仙祝寿纹如意

画稿复写完后，用钢丝锯把外轮廓线锯掉，首先分出画面层次，突出主题加以雕刻。半圆雕的主题部分基本上是压缩圆雕，配景是深浮雕和浅浮雕。它的层次应根据板料的厚度按景物的主次和画面的需要来分。例如，人物和配景，人物是主要的，因而在雕刻时就应把人物尽量雕刻得富有立体感。

在画面上需要掌握三点：一是突出主题；二是层次的高低应根据造型美观的需要；三是要考虑到画面物体的牢固性，做到既玲珑剔透，又结实牢固。它的操作工艺程序基本上与深浮雕相同，所不同的是半圆雕有三面或四面雕刻。

五、透空双面雕

这种雕刻技法主要用于建筑的窗花、隔间气窗、屏风、台屏、插屏等。一个画稿两面雕，透空透风，前后一体，玲珑剔透，可以从两面欣赏。画面设计要求是双面正，即前后好看。前后两个画面设计要有正、侧、背的变化。可采用同一个题材，也可以双面采用不同题材。雕刻技法可雕一层，也可以雕多层镂空，要看画面的复杂程度和用在什么地方而定。

木雕笑口常开（弥勒佛）

例如，对气窗只要用一层雕法，对台屏、插屏之类欣赏品就应采取多层雕法。一层雕法可以用钢丝锯先把画面物体之外的空地锯掉，使其透空，再进行粗雕、细雕、修光等工艺程序；多层雕法要采用脱地雕法把花板凿空，再进行粗雕、细雕、修光等工艺程序。

由于透空双面雕的花板一般要求较厚，使双面物体都要有立体感，画面的透空处理，安排要合理得当，要有疏密、大小块面的变化，但需要注意的是，不能出现大片的空地。例如，天空太大时要用配景的树枝、花木等加以充实。

双面雕的画面设计要有装饰效果。例如，天空、水面等透空处理，用树枝、花草把它分割成小面的透空，天空与水面，但透空处要多，面要小。景物要互相穿插、紧密相连，这样既增加作品的牢固度，又增强画面的装饰效果。

双面雕法画面要求复杂，层次丰富，富于变化，雕刻时层次要分明，如果层次多而镂雕困难，可以在雕刻板的上下左右侧面进刀镂空，这样雕起来能够层次丰富，玲珑剔透。待雕刻完工后，再进行边框雕饰。

需要注意的是，双面雕法画面层次不能过于复杂，双面只能雕刻同一题材。在画面处理上，两面应该有主次之分，好的双面雕应该是两面均可观赏。

六、锯空雕

锯空雕是单层次一面雕刻，并以锯空为主的技法。例如，门窗、挂屏、宫灯的图案，要求有规律性，花纹粗细得当，装饰性强。先用钢丝锯把图案物体以外的空地锯掉，再进行雕饰。

一般锯空雕是运用浅浮雕的技法加以雕刻的，它与浅浮雕的不同之处是：

1. 锯空雕要保留图像百分之百的平面雕刻；而浅浮雕的主要物像要保留平面，次要物像可以不保留平面。

木雕罗汉

木雕寿星

2. 锯空雕以平面刻线切匀为主；而浅浮雕是以圆面刻线浑刀为主。

3. 锯空雕有透空玲珑感；而浅浮雕富有立体感。锯空雕无须脱地，以锯空代脱地。锯空后要把锯纹修光，修光时要用切刀，也可以用木锉锉光。

七、贴花雕

贴花雕是锯空雕的一种，有屏风贴花、挂屏贴花、台屏贴花、家具贴花等。锯空贴花雕的特点是主题明确、图案简练，有纯朴典雅之感。贴花木板用 3—5 毫米的薄板就可以了。

贴花雕的木板要两面刨平整，根据图案把物像以外的空地锯掉再进行雕刻，图案中的物像与物像之间要相互连接成一个整体。

贴花雕的图案配置一般采用左上角一大组图案贴花雕，可在右下角配一小组和左上角相呼应，这是大小、左右、上下相辅相成的处理方法；另外也有用上下一样的花边图案式的贴花装饰方法；也有四边镜框装饰法等。

贴花雕的图案造型以花鸟、人物等题材较为理想。贴花雕的技法与薄浮雕相同。

八、阴雕

这种雕刻技法多用于家具装饰，如橱门、柜门、床儿、屏风等产品。阴雕简洁、清雅、明快、刀味浓郁，雕刻效果近似写意中国画，耐人寻味。阴雕有用工省、用刀少、见效快等特点，对于有一定绘画基础的人来说是最容易的雕法。

木雕观音立像

阴雕在选材上的要求不

高，只要选择白净、质地细腻、不是深颜色的木板就行了。板料不能有大疤痕，也不要用同一块板上颜色不一致的花板料。阴雕在胶合板上也可以雕刻，例如，椴木胶合板、白松木胶合板等都可以雕刻。

阴雕在已上深漆色或中漆色的木板上进行雕刻，如果家具木板是漆木头本色或浅色的，阴雕效果就不好，雕出的图案也不明显。阴雕雕好之后要再上清漆或蜡刻。

阴雕工具只要有四五把刀就够了，包括大、中、小圆刀三把（最大的 1.5 厘米，最小的 3 毫米）；三角刀中、小两把。阴雕的圆刀要稍圆一些，而且比一般圆刀要向上翘一些。

阴雕的画面构图要力求简明，雕刻之前，必须先进行构思，根据不同的板面进行周密的设计。因为阴雕是不用图稿的，所以必须胸有成竹、意在刀先的条件下方能进行操作。由于阴雕完全是以刀代笔表现画面的，过多的层次容易杂乱，因此在画面设计上要求简练、构图清晰、疏密有致、粗细得当、刀锋利落、质朴美观。

附录：

福建龙眼木雕

福建龙眼木雕闻名于明清时期。明末清初，客居福州的长乐孔某另辟蹊径，利用天然树根疤节，相形度势，巧施刀斧，制成各种典雅古朴的人物及情趣盎然的禽兽，惟妙惟肖，栩栩如生。他的同乡木雕艺人牛仔和福州象园村木雕艺人等无不受其影响，争相仿效，历数十载之盛。福州木雕自明清逐渐形成3个流派之后，也逐渐形成了3个艺术流派的不同艺术特色。

龙眼木雕渔翁

象园流派（俗称柯派），人物动态逼真，讲求面部神韵、衣纹柔软，有风吹水面波纹之感。动物类品种丰富，人物面具更是独家所有。象园派后起一代，能大胆吸收现代雕塑艺术的精华，讲求人体结构比例、构思巧妙、手法清新、衣纹简练。主要代表人物有柯传灿、柯传钟、柯世赐、俞连科、柯世仁、柯昌智、柯玉开、柯庆元等，均有名作传世。

大坂流派（俗称陈派）以人物雕刻为主，作品神形兼备，善于刻画人物内心世界。陈派仕女脸部古典、圆润高雅、温柔多姿。仙佛表情丰富，衣纹飘动有力。武将富有气魄，盔甲花饰变化无穷。主要代表人物有陈天赐、陈道灿、陈宗祥等。其中，陈天赐首先以龙眼木为材料，雕刻室内观赏摆设品，广开了材路，使福州木雕的品种和技艺又得到了很大的发展，创作了不少圆雕人物、帝王将相脸谱以及各类动物。

龙眼木雕南海观音

雁塔流派（俗称漆器派）以与漆器结合的花饰雕刻为主，擅透雕、薄雕及镶嵌，讲求布局和透视，立体感强。刀法灵利，雕镂玲珑剔透。人物雕刻刀路浅薄、衣纹平顺、面部圆润、表情丰富。

主要代表人物有陈良礼，早年从事花饰雕刻，所设计的各种花饰木雕图案，布局奇妙，错落有致。陈良礼授徒10余人，王清清、陈瑞年为其高足。陈隆湘、陈兴春、陈海焜、黄森康是继陈瑞年之后的又一代名家，他们的漆器图案花板、印锦花模、瓶盆器皿垫座的雕镂以及薄雕镶嵌格调清新，不落俗套。著名木雕艺人王清清，不但花饰雕刻技艺精湛，且擅长圆雕人物，所创《叹气弥勒》（又名探手弥），超脱不俗，堪为艺坛一绝，他曾说："我叹一口气，够后生者食之不尽。"其徒孙陈德和继承师法，并有发展，使雁塔《叹气弥勒》这个品种，历经沧桑而不衰。

肆 黄杨木雕的工艺与技法

黄杨木雕是驰名中外的圆雕艺术，以黄杨木作为雕刻材料而得名。黄杨木雕一个最大的特点就是利用黄杨木天然的肌理和接近人体肤色的木材色泽，以民间故事和传说为主要内容进行塑造雕刻。

第一节　历史沿革

黄杨木雕是驰名中外的圆雕艺术，以黄杨木作为雕刻材料而得名。黄杨木是一种珍贵的常绿灌木，生长在我国的湖北、四川、湖南、贵州、浙江等地的高山峻岭或悬崖陡壁，其生长周期十分缓慢，俗语云“千年黄杨难做拍”（“拍”是乐器中的拍子，又名阴阳板）。据《本草纲目》记载：“黄杨性难长，岁仅长一寸，遇闰则反退。”

由于受自然界的影响，黄杨木形成了质地坚韧、纹理细腻的特点，一般直径 10 厘米以上的雕刻用料需要经过几十年乃至几百年的生长期才能形成。黄杨木色泽浅黄温润，雕刻以后随着时光的流逝，其色会慢慢由浅入深，变得古朴端庄、

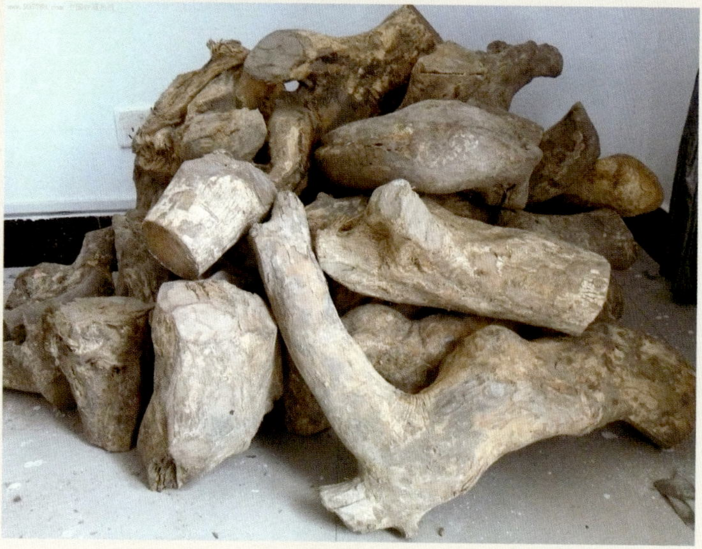

经过初步处理后的黄杨木料

沉着文雅，是民间喜闻乐见的案头陈设艺术品。

黄杨木雕利用黄杨木天然的肌理和接近人体肤色的木材色泽，以民间故事和传说为主要内容进行塑造雕刻。至今有实物可查的黄杨木雕是留存在北京故宫博物院的至元年间的《铁拐李像》。这是迄今纪年最早的黄杨木雕作品，距今已有600多年的历史。明清以来，黄杨木雕逐渐形成了相对独立的艺术风格，并出现了许多雕刻精细、表情逼真的佳作，如明代的黄杨木雕《老者坐像》，作品采用似中国画白描之法进行刻画，特别是五官和分布清晰的长胡须显得格外隽秀洗练，所刻老者面目丰颐、表情慈祥，甚是端庄平和。整件作品刀法圆转、衣纹简练、线条流畅，刻工精致而不失浑厚，是典型的明代人物圆雕造型风格。

这件作品取黄杨木随其形雕刻一山子，只见远处山峦叠嶂，云烟迷谷，近处山石苍松，一老叟卧坐于松石之下，阅吟诗文，一孩童于旁，憨态可掬，整个画面一片恬静幽远，犹如世外桃源。刀法深镂浅刻，运刀浑厚，极富层次，引人遐想，令人有身临其境之感。

清·黄杨木雕《松下高士》摆件

清代的黄杨木雕《东方朔偷桃》，形象简朴，结构协调。东方朔双手喜抱一蟠桃，微转头部，以防后面来人追赶。其笑容可掬、表情诙谐之态与周围的环境遥相呼应。作品刀法洗练、服饰大方，略短的身材突出了人物特定的个性；下端以石形为座，给人以稳固之感，鲜明地体现出了黄杨木雕古老而典雅的雕刻技法。

清代中期的黄杨木雕《卧榻仕女》是传统的黄杨木雕代表作之一，极具浓厚的圆雕装饰韵味，造型典雅秀丽，风韵细致动人。所刻仕女卧榻倚书，双目微合，若有所思，左手上撑，右手下垂，双腿的变化又使人物的卧姿更为自然优美。作品雕工纯朴、比例匀称，脸部刻画得清秀圆润，仕女神情娴雅，目光清澈，衣褶圆转，磨光润滑，质感极为突出。

清·黄杨木雕观音立像

清康熙年代的黄炳勋雕《李铁拐像》从另一个方面反映出传统黄杨木雕的圆雕风格。铁拐李右脚站立，左脚踩在拐杖上，转动身体，俯视蝙蝠，左右连贯，上下呼应。作品刀法大胆，衣纹奔放，体态生动。特别是采用传统镂雕技法以增加圆雕的透视感，人物立在云端，同空间巧妙地结合，从而增强了整体形象的可视性。

黄杨木雕除了以雕刻人物为主要内容外，还有雕刻动物笔筒、仿古摆件、瓜果、几座和各种如意等。清代黄杨木雕《灵芝如意》是传统黄杨木雕如意中的一种。此件如意借喻灵芝的吉祥含意，由大小灵芝相合组成，通过弯转的灵芝藤连接着灵芝头的布局，构思巧妙，造型流畅。内容错落有致、层次分明，刀法方圆兼用，线条抑扬顿挫，恰到好处。如意头部雕有一条螭龙，与下面的灵芝动静分明，更显得妙趣横生。

由于黄杨木质地坚韧，用来刻制笔筒就显得特别端庄沉着。清中期的黄杨木《根雕梅花笔筒》，根据材料本身的自身特点因材施艺，利用劲健的刀笔，刻制梅花与树桩形状，构图虚实相交、疏密有致，突破了一般的造型规范，可谓情趣盎然、浑然天成，既有丰富的案头装饰味道，又有浓郁的形象纯朴之美。除此之外，利用黄杨木的自然根块刻画笔筒的，还有松竹山水等不同内容。明清黄杨木雕作品现存故宫博物院的共有十几件，另有部分作品留存在上海、天津、江苏、浙江等地的博物馆中。

浙江是黄杨木雕的主要产地，除此之外，还有上海、福建等地。浙江黄杨木雕集中于温州、乐清，是我国黄杨木雕的主要产地。晚清黄杨木雕的杰出雕刻家朱子常，光绪三年

清·黄杨木雕寿星

清中期·黄杨木雕弥勒坐像

弥勒额际高广，面颊圆腴，大耳垂肩，衲衣披敞，袒胸露腹，游戏坐于木雕座上。弥勒开怀大笑，神情自若，举止生动，广袖袈裟，长袍拖曳于地，衣纹襞褶稠叠、线条紧劲，颇有“曹衣出水”之三昧。

（1877）出生，9岁始学习塑佛，后又学雕刻与漆画。他雕刻的黄杨木雕人物深受社会瞩目。朱子常身怀高技，独具灵气，善于深入细致地观察和体验生活，并注重研究传统人物的个性和特征，结合黄杨木雕的特点，运用独到的技法，准确地把握人物的表情与动态，开创了一种清新纯朴的雕刻风格。所刻人物造型优美、线条流畅、神韵自如，极大地推动了黄杨木雕艺术的发展。

浙江博物馆收藏的朱子常黄杨木雕《六孩戏弥勒》是朱子常的优秀代表作之一，6个不同形态、活泼可爱的顽童围绕着大肚的弥勒和尚，通过吹、爬、滚、闹的可笑情节，开心地嬉闹、玩耍，甚是天真有趣。作品布局合理、匠心独运，刀法细致精巧。人物形象逼真，众人姿态各异，童子之顽皮表现得淋漓尽致，弥勒袒胸露腹，皆大欢喜。整件作品刻工俱到，表情十分丰富。此外，朱子常的渔翁、达摩、济公等作品亦在民间广为流传，可见他的黄杨木雕艺术对后世影响非同一般。

清·黄杨木雕铁拐李

乐清黄杨木雕自晚清以

来逐渐兴盛，人们喜欢在龙档骨架上雕刻木雕佛像和历史、戏剧人物造像。相传龙档源远流长，其长度有十几米，共 12 节。据说乐清因地处瓯江口岸，康熙年间，洪水上升，汇集而下，波浪滔天，农作物深受其害。人们为了消灾避邪，用樟木等制作龙头、龙尾和龙身，龙身 10 节共 24 档，每档插上立体圆雕单一人物，后来逐步发展为每档插上双人或双人以上群雕人物，其内容有神、佛以及民间故事《姜子牙挂帅》《郭子仪拜寿》《甘露寺招亲》等。龙档造型层次分明，人物雕刻生动精巧。

乐清地处东南沿海，风俗民情促使手工艺兴旺发达，自 1876 年开辟为通商口岸后，对外贸易活跃、海外交流便利，又有风景名胜雁荡山作依托，这些得天独厚的地理环境和社会因素大大促进了乐清与外部世界的联系和沟通，许多黄杨木雕被竞相收藏或作为礼品馈赠。

新中国成立以来，黄杨木雕得到了空前的发展，无论是从表现技巧还是从题材内容等方面，都形成了独立的特点与风格，并不断完善、提高，使这门具有强烈地方和民间特色的工艺美术经久不衰，令人称道。改革开放以后，随着黄杨木雕艺术的发展和人们审美观念的不断提高，派生了不同的黄杨木雕艺术风格，且人才辈出，越来越受到社会的广泛关注与喜爱。

清 · 黄杨木雕人物笔筒

第二节 工艺特点

一、用料特点

清·黄杨木雕关帝

由于黄杨木自身具备的特点，其材料与作品的构思形成了比较密切的联系。常见的黄杨木直径大部分在20厘米以下，所以雕刻的内容和形象需要在有限的材料范围内得以充分发挥和表现。

黄杨木雕刻的用材分为立式和横式两种。立式材料根据人物的长度、大小而定，不管是静态中的形象，还是动态中的人物，其形状及大小要和所取的黄杨木长度、直径相吻合，以求材料的恰当利用。

立式材料较适合于单一人物的造型，当然在某种范畴内，立式材料也适合于长方形组合形体的造型。而横式材料则更适合于群式人物或动物的构思，其特点能反映出组合人物的整体布局，并具雕塑的立体感和透视感。横式材料的运用空间较大，内容形象可以根据构图的需要向材料的左右方向延伸，以达到作品的完整性。

二、木料处理

黄杨木雕的制作前期，对于材料的要求比较严格。首先是黄杨木雕所需的木料必须要干燥，不能有过大的湿度。

清·黄杨木雕松泉雅集图笔筒

由于季节不同，黄杨木不宜在春季雨水过多时砍采，而采来的黄杨木切忌浸水，应给予自然通风干燥，一般采来的木材放半年或稍长一些时间后再雕刻。由于黄杨木的纹理和质地等特点，不宜盲目放在烘干设备中除湿，以免开裂。

三、工艺特色

黄杨木的突出特点是适合于作品的精雕细刻，由于其质地坚韧柔和，在雕刻人物形象中，粗的地方可以大刀阔斧，块面效果明显；细的地方可以极具精致，如所刻发丝和眼睛、服饰图案等，甚至借用放大镜才可以明其质理；凸的部位其肌理光洁得体，而凹的部位又能清晰流畅，不留任何痕迹。

黄杨木的色泽温和浅黄，纹理均匀，细而不露，特别适合于人物形象和肌肉的表现，使刻画的作品更能达到自然逼真的艺术效果。

黄杨木的特点确定了黄杨木雕的艺术性能，木料多年以

观音尊者侧身盘腿坐于石上，双手交叠置腿，气质高雅，发绾高髻，圣容慈祥，双目微合，姿态生动，表情栩栩如生。衣褶飘带复杂而细腻，带有丝绸的柔软质感，亦深见匠人功力，此为清代黄杨木雕之佳作。

清初·黄杨木雕观音像

后慢慢变为深黄的桂圆色，玲珑古朴、浑厚端庄。自古以来，黄杨木雕都是以案头装饰和玩赏收藏而著称的。

第三节 工艺程序

一、泥塑构稿

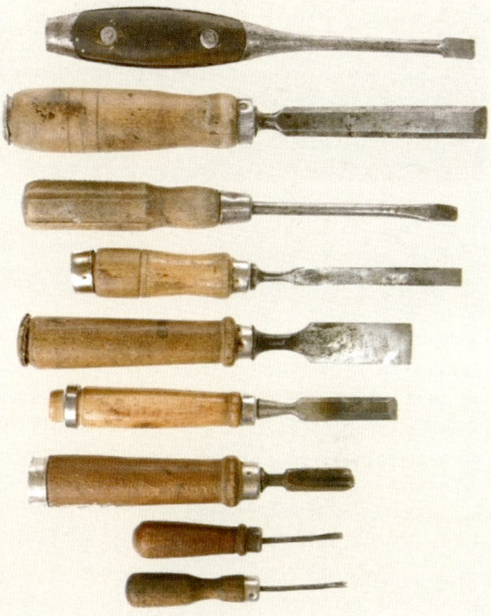

东阳木雕常用的雕刻刀具

用泥巴进行泥塑，便于构思与塑造样品，泥巴不但动之便利，且可塑性强，传统黄杨木雕是依据泥稿实样进行仿制敲坯雕刻。

泥塑的材料是采用无沙粒成分的乌泥，要求以不粘手和可任意捏塑为好。泥塑前先用锤子把泥土敲打均匀，必要时可以在泥中掺加少许棉花，以增加牢固度。

泥塑的工具亦称泥塑刀，通常是用钢、铁或硬木制作而成。

泥塑的内容和形式要符合黄杨木雕的风格和材质的运用，根据个人的构思立意创作，或静或动，任意发挥。泥塑中要求构稿虚实合理，交代清楚，造型肯定，整体统一。

二、选材取料

黄杨木雕总的来说是立意在先而选材在后，根据所构思的样稿大小来确定材料的规格。

雕刻师在加工作品

早期的黄杨木雕是取单一的黄杨木树段作为雕刻的基本用材，要求无疤无疵，色泽纯洁，材质鲜明，表里如一，这是因为材料的选择效果会直接影响到工艺技法的运用。选料时要选择外表平直圆顺和纹理均匀的木材。

一般来说，外表带疤痕的黄杨木里面肯定有黑点或者黑色色块，不宜作为上等材料使用。不仅如此，这种木料还会直接影响作品本身的美感。

选择材料时，首先用锯横向截断并仔细观察木头两端的横断面是否色泽纯洁，没有裂缝，无黑点。在选择材料时，还应当顺乎雕刻的规律，最好选择竖纹使用，因为竖纹木段无论刻画何种动态或表情都能够尽情发挥黄杨木的自然特色，而横断面不但不宜雕刻，而且在需要完成多处镂空的作品时容易产生断裂，以致造成不必要的损失。

选料时，木头的体积应当略大于雕刻的样稿，以便创作时能够留有余地。

三、敲坯定型

黄杨木敲坯时先将已选好的木料放在敲坯凳上，然后用绳子加以固定，绳子下端用右脚踩住，使木料稳固。这样，打坯刀前后左右均可进退自如。

如果在敲坯时需要转动木料，只要把右脚轻轻抬起放松绳子即可。然后，左手握住敲坯刀，右手握锤子，敲击木柄，刀依锤力，轻重交替进行敲坯。其步骤包括：

清·黄杨木雕盖盒

1. 对照泥稿

先用笔在木料上画出大体轮廓和主要部位，如人物头、胸、骨盆以及四肢等，还可以在木料顶端的横断面上画出头部的相对位置，通过初步线条的确定，求得坯型准确的效果。

2. 正面定型

用敲坯刀根据定位从正面入手，由上至下，由表及里，由高到低，由浅入深，依

清·早期黄杨木雕寿星

清·黄杨木雕刘海戏金蟾

次敲凿。

先凿头部，然后再慢慢延伸，敲凿全身。这里所说的由高到低是指先保留人物形象的凸处部位。敲坯时要注意敲出的坯型必须留有余地，并注意整体比例和块面转折关系。

3. 两侧定型

正面敲坯初步完成后，再分别敲凿木料的左右两侧，左右是根据正面的位置确定后顺其形状延伸敲坯，在敲凿两侧时必须反复观察正面的坯型是否与左右合理连接。

4. 背面定型

正面和左右两侧基本完成敲坯后，就要敲凿背面的形状，背面是根据以上三面的确定而顺延敲凿完成，这时要特别注意作品的体积和厚薄度，还要注意校对同其

清·黄杨木雕高僧立像

他三面的连接关系。

敲坯时出现逆纹或木结时，可以用凿从两侧横凿，线条凿法采用“对角斜凿法”，即先从一侧顺线条斜凿，再由另一侧顺线条对着这一侧的角进行斜凿，这样就可以凿出所需要的线条造型。

完成以上步骤之后，作品的粗坯就会初步定型。

四、细坯定格

在完成粗坯定型之后刻按顺序再依次重复进行细部敲凿，此时不宜重敲深凿，而应当细心地把握力度。其主要方法如下：

1. 凿实坯型

粗坯完成后，作品还成块面状态，此时就需要凿实作品的具体细部形状，敲坯时轻轻地从正面到背面依次将各个方面和环节交代清楚，凿出每一个部位的基本实型，使其接近泥稿样品即可。

2. 凿出细部

实型确定之后，即从头部延伸到全身，凿出五官的位置，并凿出作品的衣纹、线条和肌肉的准确位置。在细部敲凿时，要特别注意留足余地，以便使修光作品时能恰到好处。

五、草褶制作

作品在完成细坯之后，即进入雕刻草褶工序。这道工序主要是借助肩膀推动刀柄，并用手来控制整体的力度，做到轻重有度，依照泥稿样品将细坯雕实，并刻出初步的具体形

清·黄杨木雕罗汉像

象。一般而言，草褶制作的具体过程分为以下几个步骤：

1. 头部着手

草褶先从头部入手刻画，雕出人物的五官形状，然后再按照顺序使全身各部位逐步具体化，并刻出各种线条和衣纹的真实位置，要求与泥稿相接近，并达到刀法流畅，形象明确。

2. 整体呼应

草褶要求严格注意前后左右的呼应关系，具体而言，就是要在雕刻正面时要注意连接后面和左右两侧的形体，做到刀落有序，整体无损。

3. 抓住特征

实坯雕刻要注意人物的风格和特征，强调比例的重要性，要防止无端臃肿或者肆意瘦骨，造型应当依照泥稿的布局而加以刻画，善于清楚合理地阐明服饰的虚实质感同人体的联系。

六、修光整理

修光整理是依据实坯定格后而深入完成人物半成品的雕刻工序，把粗坯雕光滑，是完成作品的整体坯型到写实化的

这件作品采用阴刻的雕刻手法，描绘出苍劲有力的黑松及枝叶，远处山水层次鲜明，包浆莹润，让人爱不释手。

清·王犟款黄杨木雕笔筒

重要工序。修光要求由上而下、从前到后、内外协调，并逐渐从面部到整体进行雕刻完成。具体要求如下：

1. 刀法圆转，运用得当

修光中握刀的手在靠近作品时要求无名指和小指同时紧贴在实坯上，这样行凿时就能够进退平稳，不易滑刀；与此同时，握坯的手则应当尽量避开行刀的前方，以求安全。修光要求刀法流畅，顺纹而进。为了使作品更富有真实感，并达到相应的技术效果，可以采用“重叠行刀法”，即在行刀后块面与块面连接处的凸面凿痕上，重新复刀平刻，修光就能够达到圆纯光滑的艺术效果。

2. 质感明朗，生动流畅

修光后的作品要求质感明朗，如厚质服饰衣纹浑厚短浅，表面圆纯，而薄质衣纹则线条飘逸、虚实奔放。还要求发挥“抢刀”的刀作，即用平刀或斜刀的刀角顺着衣纹和线条将

民国·黄杨木雕《渔翁童子》摆件

凹处角落清除干净，不留痕迹。作品要求条理分明，形体光洁，融为一体。

3. 神形兼备，健而不僵

不同的人物显然有着不同的情态和特征，黄杨木雕人物除了特点和动态在泥塑构思和坯型雕刻中完成以外，其五官表情则需要在修光的过程中详细刻画。雕刻中要求把握人物的内心情感，使之集中到脸部予以表达，并适当夸张造型，使脸部的表情具体、自然、生动、可信。

修光整理在雕刻中至为重要，刀法运用如何会直接影响作品的效果。所以雕刻行刀中大处要刚劲有力，小处要凝神细致，圆处要翻转自如，平处要沉着稳健。必要时在作品上可保留自然的奏刀痕迹，以强调木雕艺术的表现力和感染力。

七、磨光擦砂

为使黄杨木雕的作品经过雕刻以后变得纯朴别致，有效地体现材质的魅力，就必须用砂皮进行磨光擦砂。通常的磨光方法如下：

1. 粗磨去痕

先用粗砂纸（通常为 80#）进行粗擦，大的部位用大拇指或粗竹簪卷着砂皮打磨，小的部位和角落用细的竹簪卷着砂皮轻擦，要求清除作品的刀痕，使作品各部位光洁圆滑。擦砂时也必须顺着木纹按顺序进行擦拭，横纹擦砂力道要轻，以免在擦去刀痕后却留下了砂纹的缺陷。

清末·黄杨木雕刘海戏金蟾

现代·黄杨木雕铁拐李

2. 细砂复磨

在粗打磨后，再用细砂纸（通常为 120#）进行第二次复擦。细砂打磨是擦掉粗砂打磨后留下的纹迹，并呈现黄杨木材质本身的美感。通过细砂打磨，还可以完全将细部深浅凹凸部位有机地联系在一起。

磨光擦砂是关系作品艺术美感的技术操作，从某种意义上来说，它是使作品更富有民间特色的专业辅助技术。

八、修细刻纹

黄杨木雕作品经过粗细砂纸打磨后，就要进入修细刻纹工序，其功用是将人物作品的服饰图案、头发、须眉和眼睛的神态仔细地刻画出来。这道工序要依靠手腕和手指的力量，利用三角刀和其他小刀慢慢完成。雕刻的时候要做到气意相合，轻松利落，切忌刀粗力大，从而使得作品粗糙凌乱。

清·黄杨木雕如意

修细过程中，刻眼一环十分重要，人物的作品形象在很大程度上取决于眼睛的神态。早期黄杨木雕人物眼睛的眼球是用墨轻轻点出的，很有神韵。近代以来，眼睛则多用刀具刻出。一般而言，眼睛通常采用下面的刻法：先用同木雕修光后所保留的眼睛弧线大小相当的圆刀（刀口朝内）对准弧线直立而下刻出线条，然后放低圆刀将眼线刻出阴纹，再用圆刀（刀口朝外）顺着眼线外刻出眼角的线条和阴纹。上眼皮雕刻完成后，接着用稍宽一点的圆刀根据同样的原理刻出下眼皮，并用小平刀或斜刀将眼球刻圆，继而用小圆刀或小反口刀分左右两点刻出眼珠，保留眼珠中间的凸面。刻眼睛一般来说宜大不宜小，以便最后校正准确。

修细中要掌握发和须的变化规律。为增加人物的真实感，发须的刻画要达到轻盈和逼真，要求用小三角刀慢慢朝前推进，线条当直则直，当曲则曲，直的地方三角刀顺着行走，曲的地方三角刀要左右弯动而进，使之翻转合理，轻松飘逸，无论曲直行走，手感都不能太重。

清·黄杨木雕渔翁（正）

清·黄杨木雕渔翁（背）

九、油漆上光

油漆上光是保护黄杨木雕和增加作品表面艺术效果的主要方法，它不但体现黄杨木的肌理之美，而且能增强鉴赏和收藏的特殊效果。油漆上光通常使用以下三种方法：

第一种是在早期黄杨木雕上以核桃油涂抹，即用核桃的肉压成油后轻轻地涂抹在作品之上，或用核桃肉直接擦在作品上，再用软布擦光。特点是色泽典雅，沉着厚重。

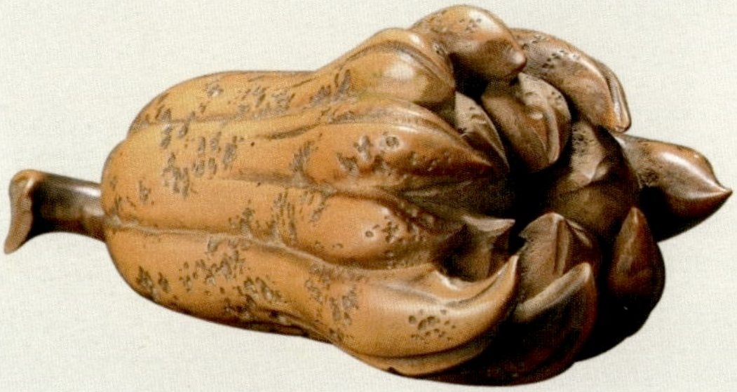

清·黄杨木雕佛手摆件

第二种是用淡清漆和香蕉水以 1∶3 的比例和均匀后，用软毛笔或油画笔轻轻涂漆，油漆时宜薄不宜厚，在基本不透风的房间内用烘灯照射作品，每次待烘干后再涂第二次。在烘干的过程中，烘灯不要靠近作品，以免油漆起泡。一般要涂抹两至三次，然后再采用亚光法，即用石雕的细粉末刷在作品上用软布轻轻打光。

第三种是用白蜡（即东北蜡）和川蜡混合后用特别的细竹丝刷上作品，再用软布打光。

黄杨木雕如果做成仿古颜色，可用高锰酸钾粉溶化在水中，比例为 1∶100 左右，然后将作品浸泡在里面，时间不要太长，以免作品进水太多，影响美感。一般在半分钟之内，若要颜色深，可适当加进高锰酸钾粉即可。待干燥后用软布打光，再用漆皮和酒精溶化（比例为 1∶5 左右）后轻轻涂上，最后用细石粉刷上，用软布打光。

十、装配底座

为增强黄杨木雕的艺术性，装上红木颜色的底座，更会衬托出作品整体美的形象。

清·黄杨木雕水盂

底座大多采用红木或樟木、梨木等硬质木材，其形式应根据作品内容而定，可选择方形、圆形、树桩形、云纹形、波浪形、岩石形等不同形状，要求装配上底座后能够使作品更显得高雅和富有艺术趣味。

第四节　创作形式

随着社会的发展，黄杨木雕的创作形式也发生了很大的变化，从单体的圆雕形式发展到群雕、根雕和劈雕等形式。黄杨木雕的各种创作形式的特点主要有以下几种。

一、单体人物

黄杨木雕单体人物一直沿用传统的雕刻技法，所刻的古代人物风格，从表情、动态到衣纹处理，明显延续着明清时代的雕刻面貌，所刻内容广泛，或坐，或蹲，或走，或立，或卧，或跑，或静止，或跳跃，人物比例都是略短，并以不拼接为上，所刻形象面面俱到、立体感强，充分体现出圆雕集陈设、观赏和装饰于一体的艺术特点。

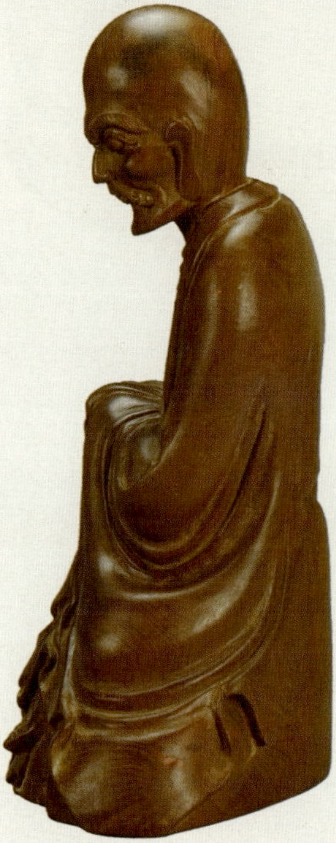

清中期·黄杨木雕罗汉

二、群雕

黄杨群雕是以整块或组合材料刻画群体人物，这种形式自然已打破了原有材料的限制，从清中期以来就逐步形成了鲜明的特点。通过所表达和展示的故事内容，以及人物与人物、人物与环境的布局和构思，以点带面，逐步深化，最后使整体作品呼应自然，主题明确。

群雕作品使黄杨木雕突破了单体人物的创作规律，显示了黄杨木材料的可用价值和传统技法的广泛适用性。

三、劈雕

黄杨劈雕作品是将带有疤瘤或弯曲的根块用刀斧劈开，取其劈开后所呈现的奇特树纹，依树拟形，就势而凿，采用夸张写意

清·黄杨木雕竹叶茶量

清末·黄杨木雕佛像

之法，在中国泼墨画法的启示下，强化人物脸部的细节，使头部与全身的劈纹形体自然结合，使“似与不似”恰到好处。

它的形式，足以突现黄杨木内在的纹理结构之美。劈纹舒展空灵，天然成趣，人工难以企及和仿制，作品效果显得古朴粗犷，端庄写意。高公博《鱼湖雨声》为劈雕艺术的首件作品。

第五节　表现手法

清·黄杨木雕瘦骨罗汉

黄杨木雕的艺术表现是经构思立意再以造型雕刻而成的。同其他艺术有所不同的是，黄杨木雕受材料的限制，必须在特定的木料中塑造人物或作品的形象，自始至终强调作品的整体性。

黄杨木雕的表现手法因人而异，可以首先把握作品的整体构思，设计内容，使之条理分明，然后经过塑造雕刻，使作品形神兼备、耐人寻味；也可以凭借平时成熟的技巧和对材料的数量运用而快刀运筹，呼之而出，使作品粗中有细，犷中含精。

一、木料选择

黄杨木分厚皮木料和薄皮木料两种。厚皮的黄杨木比薄皮的黄杨木纹理粗犷、质地较脆；而薄皮黄杨木纹理细密、质地坚韧。两种黄杨木在雕刻中主要性质相差不远，各有特色。

厚皮树适合于雕刻深沉庄严或器宇轩昂的作品形象，从中强调作品的纹理美感；而薄皮树则适合于雕刻体态轻盈和形象温馨的作品，使作品更容易体现柔和的材质美感。无论选取何种表皮的材料，在刻画传统黄杨木雕人物时，都应当避免明显的粗树纹和树木的中心纹路定位在人物的脸部，否则就会严重影响作品的整体美观。

黄杨木的木纹总体是细腻的，但受自然光的影响，同一块黄杨木的纹理因为不同方向而有疏密之分，换而言之，就是其中一面的纹理细密，而另一面的纹理就很粗疏。为了更好地利用材质的肌理，刻画作品或人物时一般会将细纹理的那一面用在正面，这样，在作品完成后其形象效果更具有透体的感觉。

清·黄杨木雕罗汉

二、造型艺术

黄杨木雕的造型强调曲与直、高与低、方与圆、虚与实的变化规律，要反映作品的形式和内容，在有限的材料中追求曲线与动态的变化，运用中国白描画法来刻画传统人物的形象，使作品线条简练、明快，人物情态逼真、可信，整体强调以实为主，实虚结合。

在充分体现材质美的同时，注重技艺的应用，有目的地保留

东阳木雕达摩祖师

材质的美感，同时运用夸张手法，加强神态和表情的刻画，有意缩短人物比例，使黄杨木雕的造型更有趣味。

三、衣纹线条

在人物衣纹线条的表现上，强调动态的变化。黄杨木雕传统衣纹的雕刻采用行云流水式的线条，以线条的明确出入，来区分长短粗细和疏密曲直。只要处理好衣纹的变化，就能直接体现出形体的虚实和刚柔。实的地方以形体的形状为主，不刻或浅刻衣纹线条，而虚的部位则合理布局线条，使衣纹穿插得当。刚的形体要求线条粗犷劲挺、错落有致，柔的形体则要使线条潇洒流畅、柔软飘拂。同时，通过对形象特定图案的刻画，不但突出服饰和道具的装饰美，还突出了作品

清·黄杨木雕童子牧牛（背）

清·黄杨木雕童子牧牛（正）

整体的真实美。

黄杨木雕作品有着鲜明的民间特色，虽以圆雕见长，但沿革中不断吸收浮雕、镂雕和中国画技法，使自身不断完善。作品以表现正直、善良及美的形象为主要内容，在形式、内容上都给人以明快的启示和观赏印象。

从吉祥如意到丰庆延年，从幽默别致到快乐活泼，围绕着材质美的表达而追求总体的和谐统一，这同时也是传统黄杨木雕朴实的内涵。所有这一切，都使作品的表现手法更具有独特的民间风格。

清·东阳木雕罗汉

罗汉呈自在坐姿，一手托钵，一手拄拐杖，形体瘦削，胸骨嶙峋，神情高古，高鼻深目，须眉蜷曲，乃禅宗祖师达摩的形象。

清·黄杨木雕笔筒

这一笔筒取材硕大，包浆亮丽莹润，古意盎然。笔筒外壁雕刻通景松泉雅集图，高士溪钓、饮茶、观画、弈棋、抚琴，赏心乐事，陶醉于虬松山涧之间。画面中人物神情毕肖，即使细微之处也刻画得清晰逼真，是一件难得的文房佳器。

附录：

彩木镶嵌雕

彩木镶嵌雕是一种以自然色彩的木材为原料，具有独特风格的雕刻技艺，类似于剪贴工艺加薄浮雕。彩木镶嵌雕适宜于橱、柜、箱、台、屏风等各种家具的装饰雕刻。生产工艺通常按照下列步骤进行：

1. 分析图样

在图稿中划分出色彩的拼制线。

2. 选材

根据图样的需要选择各种色彩的材料。例如白桃木、椴木、红木、桑木、苦楝树、枣树、梨树、桂花木等，制成5—10厘米不等的板材。根据图稿大小而定厚度，在同一图稿中要用统一厚度。

彩木镶嵌雕窗板

3. 拼色

把图稿中的形体复写到所需的彩木板上，加以编号。例如人物脸形编为1号，左手编为2号，右手编为3号，上衣编为4号，下衣编为5号，腰带编为6号等，按顺序编号。编号是为了镶嵌时不会搞错物像的位置。然后再用钢丝锯一块一块地锯下来，按号拼接贴胶成型。例如一个人物贴胶成整体，一组树木贴胶成整体等。

4. 成型画线

按图稿的布局，把拼接好的彩木形体用大头针固定在漆色木板上，再用细钻头准确地画下形体的外轮廓线。

5. 镶嵌

在画好外轮廓线的漆色木板上，剔去图像内的木屑，并把所剔形体刻平，深度一般剔去2—3毫米，然后上胶，把物体镶嵌进去。可以把物体放准位置后，在上面放一块厚木块作垫板，再用木锤轻轻敲进去。要注意不要把锯好的物像敲碎。

6. 雕刻

在镶嵌好的画面上再进行雕刻，用薄浮雕技法进行雕刻，不要把刀口刻剔到画面以外的漆色底板上，要保持底板的洁净。

伍 木雕题材来源与寓意

木雕的题材多取材于民间，并深受中国传统文化的影响，继承了华夏几千年文明的精髓。一个民族的文化，正是以这些民间工艺为载体，而得以代代相传、生生不息。

第一节　题材来源

从历史上看，木雕的雕刻题材与绘画一样随着时代的变迁而承袭、演变和发展。木雕的题材来源大致可分为以下几大类：

一、历史人物与神话传说

人物类的题材多来自于历史名人与文学作品，或在民间广泛流传的神话故事。如：一百零八将、金陵十二钗、四大美女、老子悟道、刘海戏金蟾、麻姑献寿、三顾茅庐、木兰从军、太白醉酒、龙生九子、高山流水觅知音、飞天等。

无论是历史人物还是典故传说，皆可入题。这方面的题

黄杨木雕太白醉酒

清·木雕岁寒三友

材不胜枚举。

二、动植物题材

花鸟鱼虫也是木雕的传统题材，深受人们的喜爱。如：梅兰竹菊、佛手、白菜、菊花、荷花、牡丹、竹子、岁寒三友、灵芝、葫芦、葡萄、寿桃、十二生肖、螃蟹、鱼虾、鸣蝉、仙鹤、蟾蜍、喜鹊、蝴蝶、狮子，等等。

这些题材分别蕴含了吉祥、平安、健康、长寿、富贵、多子多福等美好的寓意。

三、宗教题材

佛教、道教一直在中国传统文化中占据重要的地位，释道文化源远流长，修身、向善的文化精髓深深影响着中国人的思想。无论传统木雕还是现代木雕，释道题材都是不可或缺的一部分，如：八仙过海、福禄

清中期·黄杨木雕福禄寿摆件

寿三星、钟馗戏鬼、钟馗嫁妹、和合二仙、观音、布袋和尚、达摩，等等，都是非常有代表性的题材。

此外，还有一些为大众所熟悉的佛经，如《般若波罗蜜多心经》《金刚经》《大悲咒》等等。

四、山水楼阁

人们对山水的钟爱，是人与自然相依相附、和谐共生的体现。人们寄情于山水，将山水楼阁的景致表现在木雕作品中，赋予了作品崭新的生命力和文化内涵。

这类题材有大量的传世佳作，如：《山居图》《泛舟图》《山寺图》《古松飞瀑》《春山新雨》《大江东去》《江枫渔火》《乡间野趣》，等等。

清·鸡翅木雕水牛摆件

牛大角，头顶有毛发。昂首梗项，脊背高隆。腹部圆鼓，四肢雄健有力。整体看来，此牛神情闲适，信步安然，一派自然天趣。而雕刻技法近乎其神，非常传神的表现出得趣天然的自得之情。

五、书法绘画作品

古代或当代的书法、绘画名家的作品，皆可在木料之上临摹雕刻。

六、民俗生活

主要表现市井生活百态，趣味盎然。如：琴棋书画、渔樵耕读、隐居、狩猎、放牧、垂钓、渔翁、仕女、婴戏、采药老人等等。

这些题材之所以深受

清·黄杨木雕松下童子摆件

此摆件用圆雕技法雕成。表现五位小沙弥松荫下诵经的场面，四位双手相袖，有口无心，一位手翻经书，回首而望，一副心不在焉的模样。松树躯干挺拔，虬枝古拙。整体设计精巧，人物造型诙谐，刀法纯熟。

人们的喜爱，首先在于它具有避邪、驱邪、祈福与祝贺的基本内涵，同时又具有“象征”的本质特征，用象征手法表达思想感情，比用直截了当的语言更能表达出含蓄、细微以及耐人寻味的意蕴。善于用具象物品表达抽象概念是中国传统吉祥纹图的特征之一。比如，一只悬丝垂荡的蜘蛛，蕴含着喜事临门的祝福；五只嬉戏窝旁的小鸡，寄托了对子弟成才的祈盼；一对双栖双飞在梅花与竹枝间的绶带鸟，是对夫妇恩爱、白头偕老的赞颂，等等。

第二节　常见题材寓意

一个民族必定有自己的民族文化，而民俗的传承正是民族文化得以延续的重要途径。在木雕艺术中，这一传统的民俗特点同样表现得淋漓尽致。下面，我们将列出一些在木雕中常见的题材，并加以比较详尽的说明，作为欣赏、把玩木雕工艺品的一份宝贵资料提供给大家。

一、刘海戏蟾

在我国历史上，确有刘海其人。他本名刘操，字宗成，燕山（今宛平）人，生于五代时期。当时燕地属辽国，刘操青年时中辽国进士，五十多岁做了燕帝守光之宰相。有一天，府门外来了一位道士要求见他。见面后，道士向刘操借用一枚金钱。10个鸡蛋。然后将10个鸡蛋一个接一个地竖立于金钱眼儿上，蛋串摇摇欲坠。刘操惊恐地说：“这多危险哪，这

龙眼木雕刘海戏金蟾摆件

多危险哪！”道士说：“你手握重权，身居高位，早已到了危若垒卵的境地，难道还执迷不悟吗？”刘操深深被触动，决定弃官不做，尽散家财，上华山与道士陈抟一起修炼去了。陈抟赐操道号“海蟾子”。而那位垒卵人就是仙人汉钟离。

刘海蟾戏剧性的出家过程，刻苦修炼取得的成果以及他在道教南北两派中的重要地位，自宋元以来，他的名声越来越大，元世祖封其为“明悟宏道真君”，传说也越来越多。

由于传说众多，不免讹误，竟将刘操散金钱修道一事演绎为“刘海蟾撒金钱”故事，继而又演变成了“刘海戏金蟾”等诸多版本。在诸多的民间传说之中，以“刘海撒金钱”的传说流传最广。

“刘海戏金蟾”的故事形成很早，宋人李石所著《续博物志》中已有记载，元代画家颜辉所作《虾蟆铁拐两仙人图》中之“虾蟆仙人”即刘海蟾。明代的《四仙古像图》，刘海蟾亦位列其中。明清和民国时期，我国北方的民间年画多数将刘海蟾画成两手持一串金钱翩翩起舞的招财童子、利市仙官。当代许多画家也都画过“刘海戏金蟾”的故事。我国一些地方戏曲中也有《刘海戏蟾》《刘海砍樵》等剧目。

有趣的是：刘海蟾出家时已是五十多岁的人了，而在许多文学艺术作品中他却总是个天真烂漫、活泼可爱的孩童形象。这是怎么回事呢？

这起源于清代康熙年间的一则故事，说的是苏州一贝姓财主家，一天，门前来了一位少年，自名曰“阿宝”，说是前来做仆人的。正月十五元宵夜，他抱小主人上街观灯，过了大半夜才回来，急坏了主人。询问后得知：阿宝嫌苏州灯不好看，到福州去了一趟，主人不信，心想：两三个时辰，数千里地怎可打来回。但小主人学说的地方和场景确实是福建，并且手里拿的鲜荔枝也是福建所产。又过了几个月阿宝从主人家水井中钓出一只三足蟾，以彩绳拴了，肩负而去。大家这才明白，这个小阿宝原来是仙人刘海蟾所化。从此以后，少年阿宝便成了后世画图中的刘海蟾形象了。

在我国的民间传说中，金蟾具有催财、旺财的功能。“刘海戏金蟾，步步钓金钱”，这一题材象征着持有人财源茂盛、汲取不断。此外，蟾也是多产多育的象征，所以刘海戏金蟾也有富贵多子的含义。

二、十八罗汉

龙眼木雕罗汉像

在佛教典籍中，“阿罗汉”有三义：

其一曰“杀贼”，杀灭烦恼之贼；

其二曰“应供”，谓应受人天供养；

其三曰“无生”，谓不再受生死轮回的束缚，已达不生不灭的境界。

从其历史流变来看，十八罗汉是十六罗汉加上二尊者而来，因此，我们先谈一下十六罗汉。

最早记录这件事的是宋代文豪苏轼，他在《自南海归过清远峡宝林寺敬赞禅月所画十八大罗汉》文中，详尽地列举出了十八罗汉的姓名，前十六位罗汉即《法住记》中列的十六罗汉名：

宾度罗跋罗惰阇：俗称“坐鹿罗汉”，曾乘鹿入皇宫劝喻国王学佛修行。

迦诺迦伐蹉：“喜庆罗汉”，知一切善恶法，原是古印度一位雄辩家。

迦诺迦跋厘惰阇：“举钵罗汉”，是一位托钵化缘的行者。

苏频陀：“托塔罗汉”，是佛陀所收最后一名弟子，他因怀念佛陀而常手托佛塔。

诺讵罗：“静坐罗汉”，又为大力罗汉，因过去乃武士出身，故力大无穷。

跋陀罗：“过江罗汉”，意思为贤者，过江似蜻蜓点水。

迦哩迦：“骑象罗汉”、佛的侍者，本是一名驯象师。

伐阇罗弗多罗：“笑狮罗汉”，意思为“金刚子”，原为猎人，因学佛不再杀生，狮子来谢，故有此名。

戍博迦：“开心罗汉”，意思为“贱民”或“男根断者”，出家前是个宦者，曾袒露其心，使人觉知佛于心中。

半托迦：“探手罗汉”，意思为“路边生”，因打坐完常只手举起伸懒腰，而得此名。

罗怙罗：“沉思罗汉”，释迦牟尼的亲生儿子，佛陀十大弟子中，以密行居首。

那伽犀那：“挖耳罗汉”，意思为“龙军”，习惯上称“那先比丘”，以论“耳根清净”闻名，故称挖耳罗汉。

木雕罗汉摆件

因揭陀："布袋罗汉"，常背一布袋笑口常开。

伐那婆斯："芭蕉罗汉"，出家后常在芭蕉树下修行用功。

阿氏多："长眉罗汉"，佛的侍者，传说出生时就有两条长眉。

注荼半托迦："看门罗汉"，是半托迦的弟弟，为人尽忠职守。

新增补的两位罗汉，第十七位是"庆友尊者"，即《法住记》的作者；第十八位是"宾头卢尊者"。这与第一位其实是同一位，只不过一个用全称，一个用尊称。

后来，宋代志盘在《佛祖统计》卷三十三中提出新见解，认为第十七位应是迦叶尊者，第十八位应是君徒钵叹尊者，也就是"四大罗汉"中不在"十六罗汉"中的那两位。

但是，到清代乾隆年间，皇帝和章嘉呼图克图认为第十七位罗汉应是降龙罗汉即迦叶尊者；第十八位应是伏虎罗汉，即弥勒尊者。皇帝钦定，自此十八罗汉就以御封为准了。

三、阿福

阿福这一题材取自无锡的"大阿福"，在惠山泥人中也是最为常见的一个题材。

当地流传的许多神话故事都洋溢着对阿福的赞美之情，

其中流传最广的传说是“阿福降狮”的故事：

从前，惠山上有一种妖狮，专以民间小孩为食，它们凶狠残暴，噬杀了无数无辜的儿童。人们非常害怕，可是却又束手无策。后来，天上下来两个神仙，叫作“沙孩儿”，英勇强健法术高明，他们降伏了妖狮，为民除害，把幸福和安宁带给了人间。因此，人民感谢他们，塑出他们的形象，家家供养。因为他们带来了幸福，所以取名叫“阿福”。

在木雕中，这一题材常用来表示喜庆吉祥的含义，寄托了人们对美好生活的向往与企盼之情。

四、麻姑献寿

麻姑是神话中的一位仙女，她活了很长时间，甚至见过沧海变成桑田，桑田又变为沧海，所以大家都把她视作长寿的象征。葛洪《神仙传》说她为建昌人，修道牟州东南姑余山。东汉桓帝时，她应王方平之召，降于蔡经家，年十八九，能掷米成珠。蔡经看到麻姑鸟爪一样的手指头，突然产生了一个念头：用那爪来抓背搔痒，一定很舒服。想不到王远洞察了他的心思，大声地呵斥道：“麻姑是神仙，你竟然想用她的手爪搔背，大胆！”说完后，就把

清·木雕麻姑献寿

蔡经捆绑起来鞭打。

相传三月三日西王母寿辰，麻姑在绛珠河畔以灵芝酿酒，为王母祝寿。因此，古时候在祝寿（尤其是女人）的时候，多绘麻姑像赠送，称“麻姑献寿”。

五、三酸品醋

三酸描绘的三个人是苏东坡、黄鲁直还有金山寺的住持佛印和尚。据说有一天，苏东坡邀了好友黄鲁直去拜访佛印和尚，和尚很高兴地拿出桃花酸宴客，这幅画就是描绘他们三个人尝了桃花酸之后皱眉头的样子。后人有一首诗曾描写过这一场景：

相约金山喜纵谈，
风流学士亦通禅。
闲来去饮桃花酱，
莫笑吾侪是三酸。

在我国民间艺术中，常用这一题材表示“儒、道、佛三家虽然各有不同背景，但是最后却殊途同归”的意思。

六、年年有余

“鱼”与“余”同音，中国古人视鱼为富余、吉庆、幸运的象征，童子寓百姓广众。木雕中也经常借用这一题材。

这一题材寓意年年家境殷实、富裕，这表达了人们追求年年幸福富裕生活的良好愿望。

木雕年年有余

七、和合二仙

沉香木雕和合二仙

这件作品以圆雕的手法采用整块沉香木雕刻而成，二仙宽袖长衣，长发披肩，分别手持宝珠及荷叶，会心而笑，人物表情古朴自然，面相憨厚淳朴，造型传神生动，衣饰简洁，刀刻准确生动，磨工精细。

清朝以前，和合神原本只是一个人，就是《太平广记》中所说的万回。“和”“合”成为两个神仙，开始于清雍正十一年(1733)。当时，朝廷册封寒山大士为“和圣”、拾得大士为“合圣”。后来流传到民间，就成了“和合二仙”。其实，这里面还有一个典故呢!

唐朝初年，寒山、拾得同居天台山国清寺附近，虽异姓而亲如弟兄。寒山年纪稍大，与拾得共爱一女而寒山不知。到了快结婚的时候，他才知道了事情的真相，于是离家出走，前往江南苏州何山枫桥，削发为僧，结庵修行。拾得听说后，也离开那个女子，外出寻找寒山。探知寒山住地，乃折一盛开荷花前往礼之；寒山见拾得来，也急持一盛斋饭之盒出迎。二人喜极，相向而舞。遂俱为僧，开山立庙曰寒山寺。

后来，两人被民间奉为欢喜之神，并将他们少年时的形象画成瑞图，一持荷花，一捧圆盒，取和（荷）谐合（盒）好之意，于婚礼时陈列悬挂；或者常年悬挂于中堂，取谐好吉利之意。

八、钟馗捉鬼

在宋人沈括所著的《梦溪笔谈》一书中记载：唐明皇于病中梦见一大鬼捉一小鬼啖之。大鬼自称名钟馗，生前曾应武举未中，死后决心消灭天下妖孽。明皇醒后，命画工吴道子绘成图像，以作辟邪之用。

黄杨木雕钟馗

古时在过端午节的时候，人们常在家门口悬挂一口画有钟馗的钟，谓能打鬼和驱除邪祟。现在木雕借用这一题材，同样也是表达这个寓意。

九、麒麟送子

中国人把麒麟、龙、凤凰和龟并称“四灵”，麒麟是“四灵”之首。这种鹿身马足、牛尾圆蹄、通体鳞甲、头有独角的“瑞兽”除了在太平盛世出现外，还会给那些积德而无子嗣的人家送个儿子来。相传号称“素王”的一代圣人孔子的诞生，就是麒麟送子的结果。

因此，人们就用“麒麟送子”意指圣明之世，麒麟送来的童子，长大后就会成为经世良才、辅国贤臣。

十、福禄寿

福、禄、寿在民间流传为天上三占星。福，意为五福临门；禄，寓意高官厚禄，此外还有送子的含义；寿，寓意长命百岁。

因此，在中国民间，大多喜欢以福、禄、寿三星的形象作为礼仪交往和日常生活中象征幸福、吉利、长寿的祝愿。

紫檀木雕福禄寿三星摆件

十一、一团和气

传说北宋著名学者程颢，一晚在佛寺偶尔从一尊佛像肚内得到一篇讲修炼的丹书。他照书所示，修炼不懈，不久便有返老还童、体放光华之相。有人说他坐同一尊泥塑佛像，待人接物，慈眉善目，浑是一团和气。

后人据此传说，把程颢画成一个童子打扮而面目亲善的团形人像，双手展示一轴象征着业已失传之“丹书”的纸卷。纸上书写“和气生财”或“和气吉祥”“宝聚财丰”等字样，以此为企盼吉祥、和乐、圆满、生发的瑞图。

十二、送子观音

传说，古时的洛水河宽浪急，常有摆渡船被风浪卷翻的灾难发生。观音大士知道后，决意为人们在洛河上造起一座桥。为了筹钱，她想出一个办法：化装成一个美貌的船姑替人摆渡挣钱。王孙公子慕名而来，向她求婚。大士灵机一动，说谁把银元宝扔在她身上她就跟谁。其中一个叫韦陀的小后生在吕洞宾的帮助下把钱掷在了观音大士身上。

木雕送子观音

大士为守信用，只好把这个小后生带回普陀山，安置在莲花宝座的对面，做一对永不拜堂的望门亲。吕洞宾知道后又来找乐，问韦陀何时能吃到他老婆的红蛋，意思是说何时有孩子。观音这才知道原来是吕洞宾在其中搞鬼，于是又好气又好笑地说："只要你日夜向我磕头诵经，我包你老婆请你吃红蛋！"

此话被一个香客听见后，就一传十，十传百，结果许多求生孩子的人都来向观音祈愿，还绘成"送子观音"祝祷。

十三、南极寿星

北宋的皇帝，大多酷信道教。一日，一仙翁之态的老道士出现在街头。宋英宗赵曙想知道自己有多长的阳寿，便召他进宫询问。谁知老道对皇帝的提问笑而不答，却向皇帝讨酒喝，喝了七斗不到便告醉辞去。第二天，负责观察天象的官员禀告说：昨观天象，见南极寿星飞临帝座，未知陛下察觉什么征兆？这时，宋英宗才恍然大悟。

有人偷偷绘下的老道模样，则被认定为寿星的真容，并据此画成了祈祷长寿的吉祥图。图中的梅花鹿、蝙蝠等物，以谐音象征"禄"和"福"，表示长寿而后多福存禄。

清·木雕寿星立像

十四、八仙庆寿

八仙，就是在民间广泛流传的八名得道仙真。共七男一女，即汉钟离（钟离权）、张果老、韩湘子、铁拐李、曹国舅、吕洞宾、蓝采和及何仙姑。八仙的传说甚早，唐代已有《八仙图》与《八仙传》，但其中的人姓名尚未固定。至明代吴元泰小说《东游记》，才确定为以上八人。

在民间传说中，八仙是惩恶扬善，仰富济贫的神仙。由于他们定期要去西王母的蟠桃大会祝寿，故广被民间取用为祝寿的素材。

八仙分别代表中国人的男、女、老、少、富、贵、贫、贱八个方面。而八仙所用的法器，合称“暗八仙”，都有着一定的含义。

清·木雕八仙庆寿

渔鼓，张果老所持宝物，“渔鼓频敲有梵音”，能占卜人生；

宝剑，吕洞宾所持宝物，“剑现灵光魑魅惊”，可镇邪驱魔；

笛子，韩湘子所持宝物，“紫箫吹度千波静”，使万物滋生；

荷花，何仙姑所持宝物，“手执荷花不染尘”，能修身养性；

葫芦，李铁拐所持宝物，“葫芦岂只存五福”，可救济众生；扇子，钟离权所持宝物，“轻摇小扇乐陶然”，能起死回生；玉板，曹国舅所持宝物，“玉板和声万籁清”，可净化环境；花篮，蓝采和所持宝物，“花篮内蓄无凡品”，能广通神明。

十五、东方朔偷桃

木雕东方朔偷桃

东方朔，汉武帝时人物，也是古代传说中的神奇人物，滑稽风趣、机敏巧辩。

《古小说钩沉》辑《汉武故事》：“东郡送一短人……召东方朔问，朔至……（短人）指朔谓上曰：‘王母种桃，三千年一作子，此儿不良，已三过偷之矣。’”

又《列仙传》卷下：“东方朔者，平原厌次人也，久在吴中，为书师数十年。武帝时上书说便宜，拜为郎……作深浅显默之行，或忠言或戏语，莫知其旨。”

因此，人们常常用“东方朔捧桃”或“东方朔偷桃”，以祝颂有才能或有口才的人长寿。

十六、四君子

“四君子”是我国艺术领域的传统题材，以梅、兰、竹、菊谓四君子。梅，傲雪清高者也；兰，孤芳幽沁者也；竹，操节高洁者也；菊，隐逸傲霜者也。明代黄凤池辑有《梅竹兰菊四谱》，从此梅兰竹菊被称为“四君子”。《集雅蔡梅竹兰菊四谱小引》曰：“文房清供，独取梅、竹、兰、菊四君者无他，则以其幽芳逸致，偏能涤人之秽肠而澄莹其神骨。”

清·木雕抽屉面板四君子

以梅兰竹菊入题，不仅本身富有形式美感，更可以令人联想起人类的品格，所以它既能让文人墨客充分发挥笔墨情趣，又便于借物寓意，抒发情感。因此，从古至今人们对“四君子”的喜爱经久不衰。

十七、岁寒三友

岁寒三友，指松、竹、梅。松、竹经冬不凋，梅花耐寒开放，备受人们赞颂，因此有“岁寒三友”之称。天寒地冻、花木凋零，只有松竹梅这三位“朋友”欣欣向荣，一派生机。

宋林景熙《霁山集·五云梅舍记》：“即其居梁土为山，种梅百本，与乔松，修篁为岁寒友。”《孤本元明杂剧》之《渔樵闲话》曰：“那松柏翠竹，皆比岁寒君子，到深秋之后，百花皆谢，唯有松、竹、梅花，岁寒三友。”清高宗御制诗三集也提到：“南宋马远有岁寒三友图。所绘松竹梅……三友图在内府。乾隆帝有题诗。”由此可见，宋代时已把松、竹、梅作为岁寒三友了。

十八、竹林七贤

竹林七贤是指中国魏晋时代七位名士（嵇康、阮籍、山涛、向秀、刘伶、王戎及阮咸）的合称，成名年代比“建安七子”晚一些。七人的政治思想和生活态度不同于建安七子，他们大都“弃经典而尚老庄，蔑礼法而崇放达”，被道教隐宗妙真道奉祀为宗师。

沉香木雕竹林七贤笔筒

《世说新语·任诞》：“陈留阮籍樵国嵇康、河内山涛三人年皆相比，康年少亚之。预此契者，沛国刘伶。陈留阮咸、河内向秀、琅邪王戎。七人常集于竹林之下，肆意酣畅，故世谓‘竹林七贤’。”

附录：

木雕常用工具

木雕要配备合适的工具，主要是刀具。雕刻刀与木柄套连在一起，通过肩膀的力或手臂手指的力进行雕刻。雕刻刀可分为大小几种，数量在20把左右，刀口一般宽度在1毫米至3厘米之间，但并不固定，一般是根据雕刻者的爱好和作品的大小而定。刀具分敲坯刀和雕刻刀。乐清生产木雕，所以有专门的定制刀具。一般来说，主要的工具主要有以下几种：

平刀：刀口背面平整，正面有斜度，平刀用处最广泛，可在作品的平面或凸面运作。

圆刀：是一种圆凹槽形的刀，其槽里面刀口有斜度，而外面则圆而直，主要用来雕刻凹处和凹处纹路。

反口刀：其刀口圆形，刀口斜度在背面，里面的凹槽直而

清·黄杨木雕松下吟咏摆件

整件器物以黄杨木古虬巧雕而成，共雕松干三株，出于山峦坡石之间，交结相连，松茂叶盛，繁而不乱，累叠有致，松阴下一仕女倚石而坐，吹笛应和，长者立于侧，俊鬓秀须，轻风拂袖，随声吟咏，一派祥和。

圆，特别适合在凹处运作。

三角刀：呈V形，分大小两式，大的用来雕刻实坯衣纹，小的用来修细发型或服饰等。

斜刀：又称雕刀，刀口斜，在整理衣纹和作品角落处能发挥独到的作用。

清·沉香木雕山子

敲坯刀：主要由平刀、圆刀和反口刀组成，比雕刻刀宽而厚，主要依靠锤子的力量来雕凿作品的粗坯，是雕刻人物或作品时首先使用的工具。

磨石也属木雕的工具之一。磨石有粗细两种，粗磨石用于新刀的刀口平整，细磨石用于磨出刀锋。

磨刀方法：磨刀要求右手执刀，左手中指和食指轻轻压住刀管，然后前后移动，磨刀的时候两手执刀必须保持平稳，并不断加水进行冷却，以免干磨引起刀口生热而软化。

刀具在磨时应注意不同的刀形放在磨石不同的部位上磨，

沉香木雕福禄寿

磨平刀放在平磨石上磨，并注意刀口平整。圆刀放在磨石的相应凸处上磨，圆刀背面横放在平磨石上前后转动着磨刀。反口刀的斜面放在磨石的凹形槽中磨，里面放在磨石相应的凸面上贴平而磨。三角刀放在三角石上磨凹处角，外两面放在平磨石上磨，注意保持平衡。无论何种刀具，磨刀时都应贴平磨石，不宜左右摆动，要多磨斜面，少磨平面，这样可以使刀具的耐用寿命延长。

除此之外，还有敲坯木凳、敲坯锤子等工具。

陆 木雕的收藏与保养

作为有机材质，木材大多具有易霉、易裂、易虫蛀的缺点，因此对于木雕工艺品一定要注意把玩与养护。

第一节　木雕的收藏

木雕艺术发展中形成了不少独具特色的流派，其中最著名的是浙江东阳木雕、广东金漆木雕、温州黄杨木雕，福建龙眼木雕，被后人称之为中国四大名雕。因此，在收藏木雕的时候，四大木雕流派的作品应当是首选。

木雕茶叶罐

不过，这些木雕价格往往较高，而一些小名头产地的精品木雕也同样有很高的收藏价值，如曲阜楷木雕、南京仿古木雕、苏州红木雕、剑川云木雕、上海白木雕、永陵桦木雕、泉州彩木雕等，现在都被藏家忽略，是介入良机。

下面就木雕艺术品的收藏谈一谈笔者的个人体会。

一、材料

如何收藏木雕，最为基本的一点就是要选择木雕的材料。一般而言，木料的材质越是名贵，木雕的价值越高。

二、作者

看木雕的创作者是否为名家。一般而言，越是大家的作品，收藏价值越高。如，以143万元成交的明代沉香木雕山水人物笔筒，渔樵之上空隙处落“福生制”款和“江”字篆章，由此可知该笔筒为晚明木雕大家江福生之作。

明·江福生木雕笔筒

江福生是当时著名的木雕大师，当时的富贵人士就非常追捧他的作品。他雕刻的沉香木雕作品传世罕少，目前仅见北京故宫博物院有其署款同类笔筒收藏。

三、雕工

木雕工艺品的雕刻水平，也是决定价格的重要标准之一。

如何了解雕工的水平呢？可以参看前文对相关雕刻工艺的介绍。

四、人文价值

看木雕作品的艺术价值，看该木雕作品在时空点上与历史事件是否有过碰撞，如果一件木雕作品有故事、有渊源，打上了历史的烙印，自然收藏价值就高。

如名家收藏过，或专为名家做的，收藏价值更高。

五、看品相

也就是看木雕作品保存的完好程度。品相很大程度上会影响木雕作品的价值。因为木雕很容易造成磨损、脱落甚至爆裂，保存比较困难，而且对保存环境的温度、湿度和通风情况也都有很高的要求。

木雕香筒

六、看年代

看木雕作品的创作年代。一般而言，同等材质和工艺的木雕作品，年代越久远，收藏价值就会越高。

第二节　一般木雕的保养

掌握正确、科学的保存养护方法，是让心爱的木雕作品经受住时间考验的不二法门。

下面为读者介绍一些在保养木雕工艺品的过程中应当注意的方面：

一、避免曝晒

木雕工艺品不宜放在太阳能直接照射到的地方，那样时间久了会开裂。

二、远离风口

木雕工艺品不宜放置在通风的地方，那样时间久了容易

清·木雕和合二仙摆件

木细质坚，包浆浑厚。和仙站立，一手搭合仙肩，合仙坐式，双手捧宝盒，盒内有金蟾。圆雕人物衣饰飘逸，神情祥和；绿细若丝，勾勒清晰；高低左右，接应有序。和合二仙站坐于荷叶之上。人物造型厚实饱满，细部刻划一丝不苟，当为木雕高手之作。

清中期·木雕竹林七贤笔筒

直筒形笔筒，外壁通景浮雕竹林七贤图。全图以竹林为背景，人物有七，有对弈围棋，有作画，有抚琴，人物姿态各异，神态俱佳，形象地表现出了竹林七贤遗落世事、悠闲自得的场面。整件器物雕刻流畅，包浆温润，非常难得。

开裂。注意木雕工艺品不要对着空调风口直吹，也不要放在暖气管附近。

三、避免受潮

木雕工艺品不宜放置在极潮湿的地方。在很潮湿的环境里，部分木雕工艺品就会长“毛”发霉。如果室内太过潮湿，可以用抽湿机减低空气中的湿度。

四、不宜太干

木雕工艺品不宜放置在极干燥的室内。太干燥的环境，木雕工艺品有的可能会部分出现开裂的现象。如果室内太过干燥，可以用空气加湿器增加湿度。增加空气的湿度对人身也有很大的益处。

五、远离明火

木雕工艺品不宜放置于明火、火墙、火炕、火炉附近，

清中期·鸂鶒木雕曲竹式墨床

墨床亦称之为墨台；用以承载墨丸，可免墨渖渍染几案。本器择取细密绚丽的鸂鶒木所制，施以浮雕法，作曲几式；几面五竹弯曲并列，分饰参差竹节；转折而下，横承二竹段为足。状若天然竹材编造，惟妙惟肖，盈巧可爱。历来藏用得宜，莹采温润；可供文房清赏或长伴砚侧的珍品。

这样容易导致木材变形，而且有发生火灾的危险。

六、不宜用水擦拭

木雕工艺品不宜用带水的毛巾擦拭，这样会使木雕工艺品过于潮湿，可以用干棉布或鸡毛掸子将木雕工艺品上的灰尘掸去。

在日常保养中，最好将木雕工艺品妥善地摆放在恒温的环境中，以免因为温差过大而导致木雕开裂。建议也可以定做一个可活动的、封闭的玻

民国·黄花梨木雕三果纹杯

椭圆形杯，口外撇。高浮雕镂空手法雕出三果，并借以为足。佛手寓意“福”，蟠桃寓意“寿”，石榴寓意“多子”。整件器物雕刻手法圆熟，形制优美，非常难得。

璃框把木雕封罩起来，减少通风、潮湿、干燥等，更有效地保养与维护。

如果发现木雕工艺品的光泽不好时，可以用刷子将上光蜡涂于木雕工艺品的表面，用抹布擦一下抛光即可。或用含蜡质的或含油脂的纯棉毛巾擦拭。当然用纯棉毛巾蘸一些核桃仁油轻轻地擦在木雕工艺品的表面也可以达到理想的效果。

第三节 黄杨木雕的保养

已完成的黄杨木雕作品应当放置在干燥的地方保存，一般说来其温度在 5℃—30℃比较合适。

作品放置的地方不能长期使用空调，以防开裂。

若发现灰尘沾污作品时，应用软刷或软布轻轻擦掉即可，切忌用水洗刷，以防因潮湿而变色，影响黄杨木雕的自然美感。

清·黄杨木雕灵芝如意

整枝黄杨木雕曲柄如意，一端雕三枚灵芝为如意头。柄部随木纹和疤结雕出曲张与起伏，显得盘结而虬劲。黄杨木质细腻，抛光后光泽温润，可黄杨木生长周期长，一般少见有大型的材料，所以雕刻时往往随形而做，亦不苛求所谓的形状，以求自然而取胜。这件器物即是一例，自然天成。

附录：

收藏行话简介

对于刚刚入行的收藏者来说，购买的一些行话还是很陌生。所谓行有行规，在此列出一些收藏中经常用到的一些行话。

【抓】到市场去购买古玩说抓货，刚抓了一件光绪官窑。

【吃】我是吃瓷器的。意思就是，我是买瓷器的。

【纳】买进藏品，叫纳入。较早的古玩术语。

【追】发现很好的藏品追着要，在拍卖会上追价。

【匀】有的在古玩行买藏品不叫买而叫匀。这块玉您能匀给我吗？

【让】有的古玩商买东西不叫买而叫让。这件瓷器让给我吧。

【玩】行内人称收藏为玩，初次见面问“你玩什么”，意思是你收藏什么。

【行价】成交的价格利润很低，有时甚至是“蚀本”，这就叫“行价”。

【品相】这件东西保存得好不好就说品相好不好，如果有破损就是品相不好的意思。

【上货】古玩商从农村市场或者收藏者手中购买或征集的藏品，叫上货。

【压堂】是主人店堂里最好的镇店之宝。

【砸浆】从同行中买来打眼货“没年代”或价钱过高，掌柜可请行内公会帮忙调解，要求对方让价或退货，行内话称之为“砸浆”。

【俏货】比较精美的藏品，一般指瓷器的收藏术语。

【开门】看藏品时碰上年代老的真货叫“开门”或“一眼货”。

【天价】漫天要价，价格高出市场价很多。

【走宝】就是卖亏了，把价值十万的，几千卖了。买家便是“捡漏”了。

【捡漏】就是很便宜的价钱买到很值钱的东西

【旧仿】明清时期的仿旧叫“旧仿”，而现在仿旧就是“新仿”。

【贼光】新瓷器釉面刺眼的光叫“贼光”或“火光”。

【包浆】传世古玩都有一层自然温润的光泽，叫“包浆”。

【生坑】新出土的东西叫“生坑”。

【拿了】投资者决定将藏品买下。这件藏品我拿了。

【绷价】坚持要高价，想卖个好价钱。

【拉纤】就是人们通常所说的中间人或者介绍人。中间人收取佣金，一般是卖方出3%，买方出2%，俗称“成三破二”。

【看新】这个东西有点看新，东西不到代，现代仿的。

【包上】买家决定将藏品买下，请卖主将藏品包起来，这件东西我要了请您包上。

【要了】买家决定购买某件藏品。

【虫儿】就是已经收藏了很多能够让观者眼睛一亮的东西。

甚至整间店的古玩藏品也抵不过这一件的说法。通俗地说，就是有镇店之宝的藏品。

【没用】买家不要这个藏品觉得没多大意思，一般说没用。

【走眼】也叫“打眼”买家用较高的价钱买了不值此价的藏品，或买了假货。

【掌眼】这件东西没把握看年代，请个师傅为你“掌眼”看看新老。

【搂货】古玩行商户们相互将对方的货拿走代为销售，即为“搂货”。近百年来行内人士没有发生“搂货”不守信用之事，形成一种行业的传统规矩。

【伙货】两人或以上合伙买卖古玩。售价早已商定，卖时可由一家出售，但必须将实售价格公开，平均分配利润。

【棒槌】就是看不懂东西新与老，好与坏的人。老是被骗的人，行内人就说他是棒槌。卖家卖新货给他，背后还称呼他“棒槌”。

【杀猪】就是经营新仿瓷器的人对卖假货行为的一种口语，把新仿的东西拿到和顾客约好的地方卖给顾客，他们称杀猪。

【埋地雷】有些人以为去农村从农民手里买的货不会有错，却不知道这些货是作假的商人故意和农民合伙“埋地雷”的。

【看不好】倘若卖家说货绝对到年代，而买家看出是新仿，又要顾及店家的脸面，就只能说“看不好”。

【铲地皮】自己不开店，专跑农村收货，或者是盗古墓的人，拿到东西后再卖给各商家，行里人称他们“游击队”，又叫“铲地皮”。

【一枪打】将这批货物好的带坏的一起卖，也称作“一脚踢”。

【留下吧】以前拎包裹的送货上门，买家决定购买他的东西，让送货人将货留下。

【吃仙丹】买了便宜的喜欢的藏品叫“吃仙丹”。

【拦一道】抬高竞买者的价钱抢先买来，对手就说他被“拦一道”。

【搬砖头】不花本钱拿别人的东西去卖，从中赚取差价。

【交学费】不太懂行总是花钱买到新货，受人骗叫“交学费”。

【包袱斋】行内有的人眼力好，但没钱开店，便用蓝色布包袱到各家古玩铺“搂货”，然后转手卖出。这种经营古玩的现象被称之为“包袱斋”。

【有一眼】就是这件东西不错，艺术价值较高，比如说这件观音瓶“有一眼”。

【收起来】买家不要某件藏品了，而请卖家将藏品收回去，就说“收起来”吧！